明代心学宗师陈献章丛书

白沙诗歌

章继光◎著

广州新华出版发行集团
广州出版社

图书在版编目（CIP）数据

白沙诗歌／章继光著. —广州：广州出版社，2021.1
（明代心学宗师陈献章丛书）
ISBN 978-7-5462-3093-1

Ⅰ. ①白…　Ⅱ. ①章…　Ⅲ. ①陈献章（1428—1500）—传记　Ⅳ. ①B248.1

中国版本图书馆CIP数据核字（2020）第141249号

书　　名　白沙诗歌
Baisha Shige
出版发行　广州出版社
（地址：广州市天河区天润路 87 号 9 楼、10 楼　邮政编码：510635
网址：www.gzcbs.com.cn）
策　　划　柳宗慧
责任编辑　叶桂莲　杨珊珊
文字编辑　周　秦
责任校对　张　苹
封面设计　谢成华
印刷单位　佛山市浩文彩色印刷有限公司
（地址：佛山市南海区狮山科技工业园 A 区兴旺路 6 号　邮政编码：528225
电话：0757-88368581）
规　　格　787 毫米 ×1092 毫米　1/16
字　　数　125 千
印　　张　6.75
版　　次　2021 年 1 月第 1 版
印　　次　2021 年 1 月第 1 次
书　　号　ISBN 978-7-5462-3093-1
定　　价　33.80 元

目　录

第一章
以诗载道

陈白沙（1428—1500），字公甫，号石斋，生于广东新会都会村，后迁居江门白沙乡，世称白沙先生。明代著名学者和诗人，存诗两千余首。

作为明代岭南儒学宗师和诗人，陈白沙的诗歌表现出鲜明的儒家精神。儒学是陈白沙学术思想的深厚基石，也是白沙诗歌所载之“道”的重要内容。白沙声称其为学目的是“进德修业，以造于圣人”（《复赵提学佥宪》其一，《陈献章集》，下同），从而实现内圣外王的理想：“为天地立心，为生民立极，为往圣继绝学，为万世开太平”（《复江右藩宪诸公》）。但作为开明代心学先河的学者，白沙诗作与诗论又与一般理学家的诗学有一定的区别，展现出其独有的心学色彩与精神风貌。

循此考察白沙诗歌所载之“道”，体现于两个层面：一是基本的儒家层面之“道”，即儒家的节操和道德理想；一是心学层面之“道”，即白沙的心学思想和自得精神。

一、载传统儒家之道

理学（包括心学）作为宋代的新儒学，以道德论为基石，高扬人的道德精神，通过提升人的道德品格、伦理节操和对家国、社会的责任感，以达到为圣的精神境界。张岱年在谈到宋明儒学时指出，基本特点“就在于它继承并发挥了孔子在日常的现实生活中实现崇高理想的道德主张”，因此，宋明儒学家不论是哪一个派别，“都很重视提高个人的精神境界……专心考虑实现自己的道德理想”（《先秦儒学与宋明理学》，载《玄儒评林》一书）。宋明儒学对道德精神与社会理想的高度重视，促使士人自觉地讲求身心修养，注重培养高尚的志向与节操，确立自己的人格理想与价值观念。在理学重道与道统观念的影响下，理学家和一些受这一风气浸染的文人高倡文以明道的文学观，轻视并曲意贬低诗歌的地位和价值，宣称：“文学，古人之余事”，“至于诗，又文学之余事”（《海陵集序》，《鸡肋集》卷三十四）。有诗人也表示过不同的意见，如梅尧臣就说，“诗之道虽小，然用意之深，可与天地参功，鬼神争奥”（《〈续金针诗格〉序》，《格致丛书》）。但在强大的政治和理学势力面前，这种声音过于微弱。即使是兼有政声文名的大家，因为重视功业与道德的追求，尽管他们也在公余之暇游心翰墨，发为吟咏，也仍然视诗歌为小技、小道，这种观念一直到明代都没有得到改变。

针对学者鄙薄诗歌的观念，白沙指出：“彼用之而小，此用之而大，存乎人。天道不言，四时行，百物生，焉往而非诗之妙用？”（《夕惕斋诗集后序》）又说：“夫诗，小用之则小，大用之则大。可以动天地，可以感鬼神，可以和上下……皇王帝霸之褒贬，雪月风花之品题，一而已矣。小技云乎哉？”（《认真子诗集序》）总之，白沙认为，从风花雪月、人生自然到家国、天地宇宙，各类题材及大小社会问题都可以通过诗歌得到表现，从而起到有益于教化的作用（即“可以辅相皇极，可以左右六经，而教无穷”，《夕惕斋诗集后序》），不能对它以“小技”薄之。他的这种观点与宋代前贤梅尧臣颇为接近，从有利于儒家的政治、道德教化的高度肯定诗歌的地位和价值。

儒家的政治理想和道德节操在陈白沙诗中有着突出的表现：

（一）仁民爱物，拯物济世

白沙经常在诗中表现其拯物济世的仁爱胸怀。如《题吴兆麟〈采芳巷〉》一诗，写他读吴作时，对诗中所描写的天寒岁暮，冬雨凄凄，牛僵马危，商旅不行之时，由穷苦百姓啼饥号寒情景引发的忧虑和不安，颇得《诗经·国风》悯民之旨：

岁云暮矣，冬雨凄凄。
牛僵马危，商旅不归。
号寒啼饥，穷民怨咨。
采芳何为？将以遗所思。
所思在远道，天寒日短，
谁为致之？不如待时。
…………

白沙主张仁政，反对苛政，希望朝廷推行“民之所好，好之；民之所恶，恶之”的“得民之道”（《礼记》大学第四十二）。在《悯雨·寄黄叔仁》一诗中，白沙对农民因遭受水涝灾害无力举炊，还要蒙受官府差役赋税的压榨，导致灾民流亡、十室九空的悲惨状况表示深切的关心和同情。诗中说：

去年无雨谷不登，今年雨多种欲死。
农夫十室九不炊，天道何为乃如此。
…………
科征不停差役多，岁岁江边民荷戈。
旧债未填新债续，里中今有逃亡屋。
…………

《喜雨》一诗则抒发了久旱得雨的喜悦，同时对睦洲一带因长期干旱少雨，造成灾民倒毙、饥荒不得纾解的忧虑：

满眼珠玉不足珍，甘雨一洒万家春。
昨日苍头至睦洲，又道睦洲饥杀人。

此诗化用苏轼《喜雨亭记》“使天而雨珠，寒者不得以为襦；使天而雨玉，饥者不得以为食”，“今天不遗斯民，始旱而赐之以雨”的句意，展现出白沙悲天悯人的情怀。

白沙的爱民之心也在一些写景咏怀诗中流露出来。如《湖西八景》的《玉冕晴云》，白沙由玉冕山上的云絮，联想到它的泽物之功，引发“怅望百谷春，广济苍生饥”的愿望。又如同一组诗的《大流垂玉》，诗人以大流飞瀑比喻银河落地，生发“一洗日月光，再洗天地清。何止天地清，万事无甲兵”的奇想，这一诗意乃从杜甫《洗兵马》“安得壮士挽天河，净洗甲兵长不用”而来，表明白沙和诗圣息兵去战、广济苍生的心是相通的。

白沙对民瘼的关注体现了先秦儒家“亲亲而仁民，仁民而爱物”（《孟子・尽心上》）与宋儒“民胞物与”（张载语）一以贯之的传统人道思想与仁者胸怀，正如清初学者钱谦益所赞扬的，“余观先生之为人，志节激昂，抱负奇伟，慨然有尧舜君民之志”（《列朝诗集小传》丙集）。

（二）发愤忘忧，穷不失义

白沙三度入京会试，在连续受挫的情况下转而从学吴与弼，“然未知入处”（《复赵提学佥宪》其一），即未能找到“作圣”的入门处，仅半年后就从临川返归江门，以惊人的毅力在春阳台日日静坐，“杜门不出，专求所以用力之方”（出处同上），十年之后终于得道。成化十九年（1483年），白沙应召到京，拒试南归，隐居江门，直至终老。白沙与林泉为伴，自甘寂寞。其讲学、著述之暇，“或浩歌长林，或孤啸绝岛，或弄艇投竿于溪涯海曲”（张诩《白沙先生行状》）。他以东晋先贤陶渊明自勉，并参加采菊、收菰、制蓑等农事劳动（参见《藤蓑》等诗），在和陶诗等作中，表明了安贫乐道的人生理想：

君子固有忧，不在贱与贫。

——《怀古田舍》

俭德苟不渐，厚禄安可荣？

——《九日闲居》

君贵我贫俱是分，敢将丘壑傲王侯。

——《示儿》其四

未肯低头陶靖节，挂怀身处五男儿。

——《读林和靖诗集序》

这些诗作展现出白沙“穷不失义”（《孟子·尽心上》），发愤忘忧，“不改其乐”（《论语·雍也》）的儒者襟怀，正如为白沙所称道的周敦颐所言，“道义者，身有之，则富且尊”，“而铢视轩冕，尘视金玉，其重无加焉”（《通书·富贵第二十二》）。以道义为尊贵，视名利如浮云，这就是白沙追求的人生理想。

（三）钦仰仁人志士，推崇气节

儒家强调坚定的志向与节操，提倡“临大节而不可夺也”，“见死不更其守”（《论语·泰伯》），儒家这一思想为宋明学者所发展，他们将气节与操守作为“内圣”追求的重要内容。如二程强调君子在处境艰难时固守其节，“不失其正”（《伊川易传》卷二）；朱熹在《楚辞集注》中，对屈原舍生取义的气节和“忠君爱国之诚心”予以褒扬，以激励南宋士民的民心士气。作为理学家的陈白沙十分看重气节，宣称“人无气节不可处患难”（《与贺克恭黄门》）。

白沙不仅立身行事表现出一种凛然难犯的人格尊严，而且十分推崇古仁人志士的气节。他对南宋覆亡的厓山有着一种难以割舍的情结。为此，他十分关心和支持慈元庙与大忠祠的兴建，并多次登临厓山，写下《吊厓》《重过大忠祠》《题慈元庙》《登厓山观奇石》等诗，抒发对厓山海难的感慨，表达对文天祥、陆秀夫、张世杰等抗元名将及杨太后等人殉难事迹的钦慕与缅怀。这些诗表达了白沙效法前贤气节的愿望，并警诫世人，不忘历史。它们构成了白沙诗歌悲壮、深沉的乐章。如《吊厓》：

天王舟楫浮南海，大将旌旗仆北风。
义重君臣终死节，时来胡虏亦成功。
身为左衽皆刘豫，志复中原有谢公。
人众胜天非一日，西湖云掩鄂王宫。

诗中展现了南宋君臣壮烈殉难的场面，对坚持抗元的南宋将领表示由衷的钦敬，对以刘豫为代表的投降派无比的鄙视。诗歌结尾处表示，要以岳飞为榜样，坚定杀敌信念，必能人定胜天。

白沙的一些咏史绝句也多以史论的笔法抒发情怀。如《张巡》《许远》《南霁云》组诗称颂的是唐代将领张巡等在安史叛军的长期围困下坚守睢阳，在保卫战中壮烈殉难的事迹。白沙以深情的史笔对张巡、许远、南霁云三位将领进行颂扬，特别对主将张巡坚守睢阳，阻遏叛军、屏蔽江淮的功绩予以充分肯定：

独蔽江淮阻贼兵，乾坤回首尽膻腥。
何人肯救睢阳急，不使忠臣付忍名。

——《张巡》

《南霁云》一诗写睢阳危急时，南霁云向贺兰进明请求救援遭拒，临出城引弓射佛塔，誓言“吾归破贼，必灭贺兰”（参见韩愈《张中丞传后序》）的惊人壮举：

万人回首看浮屠，肯信将军跃马呼。
谁续睢阳三日命，进明先斩后擒胡。

（四）谨行孝道

白沙弟子张诩说，白沙先生“孝悌出于天性，事太夫人甚谨”，“母爱子慕，唯日不足”。林太夫人八十岁以后身体尚健康，白沙则一生多病，“常虑一旦身先朝露，不能送太夫人终”，因此“每夕具衣冠，秉烛焚香，露祷于天……”（《白沙先生行状》）。成化十九年（1483年），白沙拒试礼部，向朝廷呈《乞终养疏》，理由就是乞归奉母。疏中追述自己五十余年来与林太夫人感人至深的母子亲情，表达奉母送终的强烈愿望，言辞恳切，感人肺腑，可与李密当年向晋武帝所上的《陈情表》相比。白沙的孝母之心还通过其他一些诗得以抒发。如他为门人区越所作的《慈母石歌》叙述了区越自幼在继母含辛茹苦的抚养下成长的感人经历，表达了欧越对双亲，特别是对继母的追思。诗中说：

……我闻慈母名，起我父母思。人有父母谁不思，我思父母徒伤悲。忆昔生我童稚时，家贫逐日图生资。析薪与我代灯烛，鬻衣为我买诗书……慈母石，世罕有，汝在江头天地久。我思父母不能养，恨恨当同尔齐朽。呜呼罔极恩难报，幸今赖有移忠孝……谁化江边石？世传慈母名。神枯真可想，意得貌如生。行路三回顾，题诗独见称。丹青在人目，千古共沾缨。

这首诗借慈母石将中国传统文化中的慈母具象化，成为一个凝固的文化符号，表现出穿透时空的生命力，讴歌母爱（“仁者慕亲”）这一千古不衰的主题。诗歌既表达了区越对继母（包括父亲）发自肺腑感恩思亲的“人子之至情”，也寄托、凝聚了白沙本人对母亲林太夫人深挚的孝心。

白沙孝名远播，深得时人与后人的敬仰。正如一首诗所赞扬的：

苍松紫桧绕江原，碧玉遗容古道存。
…………
归去传经萱草老，真儒孝子白沙村。

——《陈献章集》附录四

（五）融洽乡邻，里仁为美

儒家文化重视邻里关系，“里仁为美”（《论语·里仁》）。郑玄《论语集释》曰：“里者，民之所居也。居于仁者之里，是为善也。”白沙在长期的隐居、讲学生涯中，重视择邻、睦邻，与乡邻建立起融洽的关系。《移居》诗抒发了这种感受：

万金论买邻，千金论买宅。
岂不念子孙，而以营朝夕。

长揖都会里，来趋白沙役。
壤地何必广，吾其寄一席。
邻曲弥乐今，园林尚怀昔。
吾志在择善，无然复离析。

诗中写白沙移居的原因是为子孙着想，“志在择善”“买邻”；他在诗中展现出与乡民往来融洽，邻里同乐，共庆收成的画面：

…………
邻叟忻相遇，笑谈忘日曛。

——《南归寄乡旧》其六

…………
聊用代糟糠，作粥欢宾颜。
邻叟携儿来，嬉戏松下关。
齐声鼓腹讴，永谢攒眉叹。

——《庚子岁九月中，于西田获早稻》

拯物济世、仁民爱物的仁爱精神，发愤忘忧、穷不失义的节操，钦仰仁人志士、推崇气节及对孝悌之道的笃行践履，里仁为美的志趣，等等，从不同侧面展现白沙儒家身修的人格风采和高尚的精神境界。

二、载心学之道

白沙作为明代的重要学者，其突出贡献乃是他开创的本心、鸢飞鱼跃的“自得”心学。关于“自得”思想的确立及主旨，陈白沙曾在几篇著作中谈到。首见《书自题大塘书屋诗后》：“为学当求诸心必得。所谓虚明静一者为之主……不为影响依附，以陷于徇外自欺之弊，此心学法门也。”另在致友人的书信中，白沙谈到，他从江西临川吴与弼处求学归来后，自感为学仍未知入处。为此他足不出户，在小庐山之春阳台习静多年，“久之，然后见吾此心体隐然呈露，常若有物。日用间种种应酬，随吾所欲，如马之御衔勒也”（《复赵提学佥宪》其一）。

以上“为学当求诸心必得……不为影响依附，以陷于徇外自欺之弊”，“随吾所欲，如马之御衔勒”等，都是白沙体验与致力追求的“自得”精神状态，亦即他所宣称的“心学法门”。

成化十八年（1482年）白沙应召赴京前对故人彭韶的赠言（《赠彭惠安别言》）更是将其治心之学直接称为“自得”之学，并作出具体、完整的表述：

> 孟子云“我善养吾浩然之气”。山林朝市一也，死生常变一也，富贵贫贱、夷狄患难一也，而无以动其心，是名曰“自得”。自得者，不累于外，不累于耳目，不累于一切，鸢飞鱼跃，其机在我。知此者谓之善学，不知此者虽学无益也。（参见《四库全书》本）

在《别言》中，白沙所表述的“自得”之学要旨是，既摆脱人生穷通否泰境遇的困扰，又摆脱一切外物与耳目闻见之知的束缚，超乎一切荣辱、得失之上，凭借内心富于生机的浩然之气与自主精神，在学术的天空自在地遨游（“不累于一切，鱼跃鸢飞，其机在我”）。白沙对外物与人生境遇所持的豁达坦然态度，对自我能力与自我精神表现出的自信，彰显白沙心学睥睨世俗的主体价值，开放、自由的学术精神，以及超乎物累、无复依傍的气概。这就是白沙追求并践行的“内圣”之学，亦即“作圣之功”。这是白沙对传统理学“为天地立心”思想观念的重要发明和重大突破。

白沙以标举的心学之道为“立命”的根本与核心，以“立心”作为儒家重要的精神使命，这就意味着只有“立心”，亦即只有“心”（内在主体）的觉醒和心灵之灯的点亮，自我意识的确立，人的精神才能获得充分的自由，进入与宇宙万物同一的天人合一境界，从而具有继往开来的宏远抱负，实现济世安民的理想抱负。这样，白沙的“以诗载道”就由承载传统儒学层面之“道”（儒家的节操和道德理想）升华到心学层面之“道”，即白沙通过诗歌所宣扬的心学思想和“自得”精神。它体现于两点：

（一）直接阐扬心学观

如四言诗《示湛雨》：

有学无学，有觉无觉。
千金一瓠，万金一诺。
于维圣训，先难后获。
天命流行，真机活泼。
水到渠成，鸢飞鱼跃。
得山莫杖，临济莫喝。
万化自然，太虚何说？
绣罗一方，金针谁掇？

此诗指出，要获得“天命流行，真机活泼”的自然之道，不能溺于记诵，滞于见闻，否则“虽有学如无学，虽有觉如无觉也”。诗中借用佛家金针度人的典故，“以比千变万化皆从本心应用”（湛若水《白沙先生古诗教解》卷上，《陈献章集》附录），指出只有明心见性，致力于“大本”（心之本体）之立，自然水到渠成，进入鸢飞鱼跃的“自得”状态，如鸢飞在天，鱼跃于渊，一任本心在大千世界飞翔、腾跃，获得无限的自由，又何用“得山、临济二僧以杖喝为教者乎”（出处同上）。

又如《梦作洗心诗》：

一洗天地长，政教还先王。
再洗日月光，长令照四方。
洗之又日新，百世终堂堂。

此诗言“洗心”（洗净心之本体）之事关涉天地、日月、四方、百世，“盖人之此心此性与天地万物浑然同体者也。故上下四方之宇，古往今来之宙，无非一体”，“人能一洗其心，则天地长清宁矣，政教还先王矣；再洗之，则日月合明而照四方矣；又洗之，则此道流行百世不息矣”（湛若水《白沙先生古诗教解》卷下）。白沙诗申明，只有洗净此心，才能与万化冥合，与自然同体，它是把握天地万物之道最紧要、最关键的功课（“以握造化之枢机”，《明儒学案·师说·陈白沙按语》）。

（二）天人一体的“自得”精神

白沙心学对“自得”人格目标与精神状态的追求，给他的诗与诗学注入新鲜的活力，诗中往往流露天人一体、潇洒自得的精神：

> 天地安排蓑笠，江湖放浪渔船。
> 或者天随是我，斜风细雨前川。
>
> ——《次韵景云苍梧往复》其三
>
> …………
>
> 三月莺啼正满山，傍花随柳水云间。
>
> ——《次韵罗仲明先生见寄》其四
>
> …………
>
> 此是天人相合处，蒲帆高挂北风归。
>
> ——《上帆》其一

这类充满生机、生气与活力，放情山水自然的诗作，表现出宇宙万物无限广阔与自由的图景，与其说是自然景物的展现，或诗人从山水中获得的感悟，毋宁说是白沙天人一体（“天人相合”）“自得”的精神世界和心灵图像的真实呈现。

第二章
诗教诗论

一、儒家诗教和白沙诗教

（一）儒家诗教之传统

“诗教”一词，本于先秦儒家，原指《诗经》作为经典具备的教化作用。重视诗的教化功能与道德感发作用，是儒家论诗的重要出发点。《礼记·经解》载：“孔子曰：入其国，其教可知也。其为人也，温柔敦厚，《诗》教也。”孔子将诸侯国温柔敦厚的民风，归于《诗》（即《诗经》）的教化、熏陶作用。他在《论语》中提出的“兴、观、群、怨”，对诗歌的社会功能作了简明的概括。汉代的《毛诗序》更在此基础上进行了系统阐述，成为儒家诗教的经典文献。它指出，“诗者，志之所之也”，“治世之音安以乐，其政和；乱世之音怨以怒，其政乖；亡国之音哀以思，其民困。故正得失，动天地，感鬼神，莫近于诗”。突出诗歌“经夫妇，美教化，移风俗”的社会功能，并指出诗歌须“发乎情，止乎礼义”。

白沙诗教渊源于儒家诗教，但它们是既有联系又有区别的两个概念。作为儒学传人，白沙对诗歌渊源有自己的认识并接续儒家诗教这一传统，重视诗歌的伦理教化及道德感化的功能，这些在他的著作中有一定的表述。

白沙在为友人朱英诗集所作的序中引用古人的话说，“吾尝闻夫子之论《诗》矣，上明三纲，下达五常，于是征存亡，辨得失，小人歌之贡其俗，君子赋之见其志，圣人采之以观其变”（《认真子诗集序》），足见其重视诗“明三纲”“达五常”“征存亡”“辨得失”（出处同上）的作用。基于对儒家诗教及诗的教化作用的重视，白沙反对写诗一味追求工巧，指出“诗之工，诗之衰也”（出处同上），认为诗人“矜奇炫能”，“旬锻月炼”，只能“迷失本真”（《夕惕斋诗集后序》），导致真心的迷失；对汉赋追求夸饰、铺张华丽的倾向，白沙尤为反感，认为“饰巧夸富”，像俳优一样“媚人耳目”，与传统诗教背道而驰（《认真子诗集序》）。白沙的这一观点体现了儒家和理学家对诗文内容与形式（文采）之间关系的要求。在内容（道德修养）和文采的关系上，都强调前者的重要性与决定性，即“德”本“言”末，“德”先“言”后，如孔子说的“有德者必有言，有言者不必有德”（《论语·宪问》），“质胜文则野，文胜质则史。文质彬彬，然后君子”（《论语·雍也》），主张“德”“言”二者的统一，文质搭配恰当，反对追求过分的文采和藻饰，认为只有将文、质恰如其分地结合，才显示出君子之风。朱熹更是将读书穷理的道德学问视为作文的根本，依据道本文末的原则，认为“文”是形而上之“道”的体现，他说“这文皆是从道中流出”。“贯穿百氏及经史，乃所以辨验是非，明此义理，岂特使文词不陋而已？义理既明，又能力行不倦，则其存储中者，必也光明四达，何施不可？发而为言，以宣其心志，当自发越不凡，可爱可传矣。”（《朱子语类》卷一百三十九）

白沙重视诗歌的本真，反对华而不实的诗风、文风，但过于强调诗歌的教化功能，就难免陷于理学家的立场，对诗歌艺术的审美追求（语言、声律、意境等）会有所忽视或淡化，在评论和创作上，导致对诗歌美学价值的忽视或评价降低。如他在谈到诗之极盛的唐代时说：

> 晋唐以降，古诗变为近体，作者莫盛于唐。然已恨其拘声律、工对偶，穷年卒岁，为江山草木、云烟鸟鱼粉饰文貌，盖亦无补于世焉。（《夕惕斋诗集后序》）

白沙指出魏晋以来诗歌艺术形式演变过程中的一些毛病，认为体制成熟、素材广泛、声律大备的唐诗却流于“粉饰文貌”“无补于世”，这种评价又显然是片面的。

加之明中期，以台阁体粉饰太平，纷芜靡蔓，致文风日衰。惜古今变换，白沙集中创作一些理过于辞、质木乏文的“性气诗”，宣扬儒道正气，大抵也就是出于这样的原因，它反映出以道德为本位的儒学和理学强调“有德者必有言”。反对“作文害道”思想倾向也给白沙诗学带来局限性，影响了他对诗歌艺术超脱（不等同于）伦理教化功能的认知，以及对诗歌作出客观的审美评价。

（二）白沙诗教之设定

湛若水（甘泉）作为白沙的衣钵传人，恪守儒家诗教的宗旨，高度评价白沙诗歌，致力推崇白沙学说，认为其不仅是对孔子以来诗教的继承与发扬，而且具有儒家经典的价值和地位。他说：“夫（白沙）先生，圣人之徒也，先生诗文，其中古之制作乎！其诗歌如风、雅、颂，其文辞如谟、训、诰”；“圣贤之言发乎人心之同然，故与古训异体而同道”。（《论白沙子》，《陈献章集》附录），甘泉指出，白沙一生功业与心志全系于诗，一生经历、感受毕陈于诗，其事迹、道德、学问尽在诗中体现。甘泉深有感慨地说：“孔子曰，吾志在《春秋》，白沙先生之志其在诗乎？”（《白沙先生诗教序》，《泉翁大全集》卷七十四）

出于传播白沙学说的目的，甘泉辑录白沙古体诗一百余首（绝句、律诗均未录）及部分墓铭、钟铭、堂铭、赞文，对之作出诠解，名为《白沙子古诗教解》，作为解说、引导世人学习白沙之道（白沙心学）的一本简明读本，并在明正德年间辑成。这样，白沙诗歌就被甘泉推到“诗教”的地位。甘泉说：

> 夫白沙诗教何为者也？言乎其以诗为教者也。何言乎教也？教也者，著作之谓也。白沙先生无著作也，著作之意寓于诗也。是故道德之精，必于诗焉发之。天下后世得之，因是以传，是为教。
>
> ——《白沙子古诗教解原序》，《陈献章集》附录

甘泉辑录《白沙子古诗教解》一书，设定并首倡白沙诗教，将白沙诗歌价值和白沙学术著作等同起来，一并列为学习白沙心学的教本，即“以诗为教”。甘泉此举不仅确立了白沙诗的地位，将其提升到儒家经典的高度，也为世人学习白沙心学带来了方便，有利于白沙学术的弘扬，得到后人的高度肯定。“诗即（白沙）先生心法也，即先生所以为教也”；“甘泉湛氏领会最真……取先生古体诸什悉为之解”；“天下后世，循其解以味先生之诗，缘诗以窥先生之道，庶不负先生之教矣乎！”（陈炎宗《重刻诗教解序》，《陈献章集》附录）但白沙诗教的设定，将白沙诗歌等同于白沙学术著作，单纯地视为宣扬白沙学术（心学）的工具与载体，未免片面化了。特别是数百年来，随着白沙学说广泛传播，白沙诗歌在这一相沿成习的设定下逐渐异化为学术，白沙作为诗人的地位及其诗歌的美学价值遭到漠视乃至边缘化。诗与学术固然有联系，但不能等同，甘泉白沙诗教的设定，影响到人们对白沙诗歌及诗学理论的认识与美学评价，对此有的学者曾表示不满，他们指出：

> 文以载道，诗以言志，不诡于道，勿纳于邪，可也。谈理学者，必借诗为证道之言，若禅家拈颂说偈者然，吾不得其解也。
>
> ——朱彝尊《静志居诗话》卷九

> （白沙）古诗之美，何可掩哉！然谬解者，篇篇皆附于心学性理，则是痴人谈梦矣。
>
> ——杨慎《升庵诗话》卷七

与湛甘泉将白沙之诗（著作）等同白沙诗教不同，清初岭南著名学者屈大均从白沙文章摘引几条与诗歌相关联的文字，并将它们称之为“白沙诗教”：

> 白沙之言曰：诗之工，诗之衰也。率吾情盎然而出之。匹夫匹妇胸中自有全经，此风雅之渊源也。彼用之而小，此用之而大，存乎人。天

道不言，四时行，百物生，焉往而非诗之妙用。此白沙诗之教也。

——屈大均《广东新语》卷十二诗语白沙诗

屈大均对白沙诗教的概括显然比甘泉全面，较之甘泉将白沙的诗与其学术著作等同起来，屈大均笼统道白沙诗教应明确和专门化，较为接近诗歌美学的标准。屈氏重视白沙以儒家诗教论诗的宗旨，如反对诗的工巧，视儒家经典为风雅的渊源，重视诗的社会教化功能等；同时又揭示白沙诗学追求自然真情的特征，其中“率吾情盎然而出之”，“天道不言，四时行，百物生，焉往而非诗之妙用”，立足于以自然、“自得”之“性情”论诗等，揭示白沙诗教的内在活力与美学元素，既是白沙诗教的重点，也是白沙诗论的核心。以下笔者围绕这一问题展开阐述。

二、白沙诗论之建树

作为明代岭南开风气的心学家，白沙诗论表现出超越同时代学者的建树与可贵品格，主要体现在白沙以“性情说”作为其诗论的核心与枢纽。探讨白沙诗论的“性情说”，并循此深入探究其与白沙诗学及其诗歌创作的联系，是体认白沙诗论的关键。

“性情”是宋明理学的重要问题，也是古代诗论的重要问题。所谓“性情”，就一般的意义而言，兼指禀性、感情两方面的内容，二者为“体—用”的关系，“性”为未发之情，“情”为已发之性。王安石说：“喜怒哀乐好恶欲未发于外而存于心，性也；喜怒哀乐好恶欲发于外而见于形，情也。性者，情之本；情者，性之用。故吾曰性情一也。”（王安石《性情》，《临川集》卷六十七）作为新儒学的宋明理学与传统儒学的一个重要区别，就是它十分重视内圣之学即心性之学的研究，将心性本体、心性修养、性情涵养等“治内”“修己”作为探讨的中心问题，因此理学被视为性命之学。理学家视纲常伦理为宇宙的规律与万物的本原，认为“性”即“理”，“理”赋予人即为“性”，“性”存于人则为“心”，“心”之发动与作用便为“情”。总之，“理”是“心”“性”“情”的根本与统摄，

“性情”不过是“理”的衍生流行与具体表现。

关于诗与“性情”的关系，程朱理学主要强调两个方面：

一是情的抒发局限于涵养德性、吟咏性情的范围。“哀而未尝伤，乐而未尝淫，虽曰歌咏性情，曾何累于性情哉。”（邵雍《击壤集序》，《伊川击壤集》）“兴于诗者，吟咏性情，涵畅道德之中而歆动之，有‘吾与点’之气象。”（《二程外书》卷三，《二程集》）

所谓“‘吾与点’之气象”，典出《论语》，为乐其所乐的气象（见《论语·先进》），孔子要弟子各述其志，曾晳（点）说：“暮春者，春服既成，冠者五六人，童子六七人，浴乎沂，风乎舞雩，咏而归。”孔子喟然叹曰：“吾与点也。”朱熹引二程的话说：“孔子之志，在于老者安之，朋友信之，少者怀之，使万物莫不遂其性。曾点知之，故孔子喟然叹曰：吾与点也。”（见朱熹《四书章句集注》卷六）

二是反对“溺于情好”。理学家要求诗人超越一己之喜恶去体察万物，在诗中尽量排除主观情感色彩。朱熹说“作诗间以数句适怀亦不妨，但不用多作，盖便是陷溺尔”（《朱子语类》卷一四〇），要求性情的抒发须节之以中和，依循儒家温柔敦厚之旨，不得有所逾越，方能在道德的涵养中体现“圣人气象”，即儒家先圣的道德境界与人格精神追求。

上述观点在白沙诗论（诗教）中都有不同程度的体现。在性情的抒发上，陈白沙对程颢、邵雍安时处顺、以物观物、自得其乐的理学兴味颇为欣赏。如他对张诩说“只看程（颢）明道、邵（雍）康节诗，真天生温厚和平，一种好气象也”（《批答张廷实诗笺》），又说“自古未有不专心致志而得者，更望完养心气，臻极和平，勿为豪放所夺”（《与张廷实主事》二十四）。白沙诗中不乏对邵雍诗的赞扬，如“诗到尧夫不论家，都随何柳傍何花”（《得世卿子长近诗赏之》其三），“伊川《击壤》三千首，都共南风一项高”等（《梁文冠抄诗》其二），在一定程度上表现出理学对陈白沙“性情说”的影响。

但是，作为明代心学的先驱，白沙毕竟以“自得”的姿态跳出邵、程的窠臼，在有关性情涵养、把握及主体作用上同程朱理学大相径庭，主要体现在以下几个方面：

一是以虚静为涵养性情之本。

心体是“性情”之本。白沙心学的创立与形成从“虚”“静”入手。黄宗羲指出，白沙之学“以虚为基本，以静为门户”（《明儒学案》卷五，《白沙学案》上）。白沙自言：“虚，其本也，致虚之所以立其本也”（《复张东白内翰》）。白沙所谓的“虚”是与“实”，即林林总总、各极其态的物质世界及人伦现实相对应的天地宇宙之“道”（天理）；他的“致虚之所以立其本”就是强调主体通过静坐的方式，以“致虚”涵养性情，使人心领悟并契合天地自然之“道”。为此，白沙将“致虚”之道称为“心学”或“治心之学”（《明儒学案·白沙学案》语录）。

白沙在《书自题大塘书屋诗后》一文中说：“为学当求诸心必得。所谓虚明静一者为之主，徐取古人紧要文字读之，庶能有所契合，不为影响所附，以陷于恂外自欺之弊，此心学法门也。”这里所说的“虚明静一者为之主”，是他提出的心学真谛。虚，空也。“虚明静一”就是要求心体排除任何物累、挂碍，始终如一地保持空明无物的虚静状态，只有这样，人心才能领悟并冥合于天地自然之道，因此他指出，“为学须从静中养出个端倪来”（《与贺克恭黄门》二）。“端倪”又称“端绪”，白沙说“所谓‘端绪，真心是也”（《与林缉熙书》四，《陈献章集》诗文补遗）。

白沙指出，他以“虚明静一”为治心之学，源于理学宗师周敦颐（濂溪）——“此一静字，自濂溪先生主静发源”（《与罗一峰》二）。濂溪宣称“无欲故静”“静虚则明”（《通书·圣学》第二十），主张以静坐的方法修养心性。实际上，濂溪和白沙都借鉴了道家观点，对此，张岱年、侯外庐等学者早已指出这一点（参见《中国哲学大纲》《宋明理学史》）。老子认为，“道”具有“视之不见”“听之不闻”“搏之不得”（虚）的特点，基于对天地之本的认识，道家主张以虚静、恬淡（“致虚极，守静笃”，《老子》第十六章）作为修养的准则，《庄子·人间世》称：“惟道集虚。虚者，心斋也”。“心斋”即心无一物、空灵明净的状态。虚与静是互相联系的两个侧面，唯其体认到宇宙大化之虚，才能致力于个体意识之静；只有保持个体意识之静，方能体悟宇宙大化之虚。摆脱外部因素的干扰，让意识处于虚静与空明的状态，是导向精神自由、与万物同一的重要条件，也是诗人和作家进行审美观照的前提。刘勰所谓“寂然凝虑，思接千载；悄焉动容，视通万里”（《文心雕龙·神思》），苏轼所谓“欲令诗语妙，无厌空且静。静故了群动，空故纳万境”（《送参寥师》），都是同一道理。为白沙所欣赏的理学家邵雍在创作中也注重“因静照物”（《伊川击壤集序》）的方法，从而把握天机，做到“天与意相连”（《谈诗吟》）。从诗歌创作的一般规律看，白沙的“虚静”说对启发人们认识创作心理是有帮助的，它告诉人们，保持虚静的心理状态是作者融入客体、激发创作灵感、进入化境的重要条件。

二是重“悟入”。

本心的发明有赖“悟入”这一契机，悟道、写诗皆然。白沙指出，“悟入”“有由积累而至者，有不由积累而至者；有可以言传者，有不可以言传者”（《复张东白内翰》）；“到极难处正须着力一跃，莫容易放过，又当有悟入时”（《与张廷实主事》五十）。“悟”在创作时相当于灵感的激发。钱锺书说：“学道学诗，非悟不入。”他引用明清之际的学者陆世仪的话说，“人性中皆有悟，必工夫不断，悟头始出。如石中皆有火，必敲击不已，火光始现”（《谈艺录》二八）。这和白沙所说的“诗不用则已，如用之，当下工夫理会……到得悟入时，随意一拈即在，其妙无涯”（《与张廷实主事》十九）是同一个意思。白沙曾与甘泉谈到登飞云山的感受时说：“置足其巅，若履平地，四顾脱然，尤为奇绝。此其人内忘其心，外忘其形。其气浩然，物莫能干，神游八极，未足言也。”（《与湛民泽》四）这种“物我两忘，浑然天地气象”（《与贺克恭黄门》十）当属白沙主体精神高度“自得”的状态，也是白沙作为诗人“悟入”时的巅峰体验，他的《登飞云》一诗便是流露这种巅峰体验的作品：

马上问罗浮，罗浮本无路。
虚空一拍手，身在飞云处。
白日何冥冥，乾坤忽风雨。
蓑笠将安之？徘徊四山暮。

三是强调“性情”之真。

白沙之学以自然为宗（参见《与湛民泽》七），自然与“真”密不可分，“真者，所以受于天也，自然不可易也。故圣人法天贵真”（《庄子·渔父》）。白沙论学、论诗皆突出一个“真”字，强调“出处语默，咸率乎自然”（《与顺德吴明府》三），指出，“情性好，风韵自好，情性不真，亦难强说”（《与汪提举》），“诗之发，率情为之，是亦不可苟也已，不可伪也已”（《澹斋先生挽诗序》），要求性情抒发必须真实、真率，他主张“率吾情盎然出之，无适不可”（《认真子诗集序》）。

二程、邵雍等理学家未尝不知性情有苟且、真伪之分，但他们将“情”局限于中正平和、恬淡闲适意趣，使之受到理的淡化与羁控，难以保持真实的状态。“真”是论性情的前提，也是性情的本色。白沙抓住这一点，就抓住了“性情”的根本与灵魂。

白沙重视心本体的作用，宣称“身居万物中，心在万物上”（《湖山雅趣赋》），“君子一心，万理完具。事物虽多，莫非在我”（《论前辈言铢视轩冕尘视金玉》），故他在精神上追求高度自足，宣称“不累于外物，不累于耳目……鸢飞鱼跃，其机在我”（《赠彭惠安别言》）。白沙致力涵养之心就是“鸢飞鱼跃，其机在我”这一真心。

基于对“天地之本”的“道”（理）与本心即自我（意识）同一的基本认识，自然的思想既构成白沙心学体系的核心，也构成他诗论“性情”说的核心。

白沙的“自然”是指自然之道、自然之理，也即宇宙运行的本来状态与规律。在白沙眼中，自然之道充满无穷活力与旺盛生机，“天命流行，真机活泼。水到渠成，鸢飞鱼跃”（《示湛雨》）。他认为这种生生不息、天真活泼的天道是人们应该追求效法的精神境界，说：“人与天地同体，四时以行，百物以生。若滞在一处，安能为造化之主耶？……学者以自然为宗，不可不着意领会”。（《与湛民泽》七）陈白沙强调人们必须注意的一种情况：天地运行，四季代序，才令百物生长；如果阻滞在一处，化育万物的功能将受到破坏。同乎此理，人心、意识也不能滞于一处；只有不滞于外物，才能达到“自然”的境界；“自然”的最高境界就是“自得”。白沙说：

“自得者，不累于外物，不累于耳目，不累于一切，鸢飞鱼跃，其机在我。知此者谓之善学，不知此者虽学无益也。”（《赠彭惠安别言》）这种“自得”（“自然”）的境界即是天道与人心（人性和自我意识）同一的境界，即“天人合一”。白沙以“天人一理通”（《天人之际》）对这一境界在理论上作出精粹的概括。

天人合一是中国思想史上一个古老的命题。张岱年先生指出，我国思想史上天人合一的命题，其中一个意义就是天人相通。天人相通的观点认为：“天之根本德行即合于人之中；天道与人道，实一以贯之。”（《中国哲学大纲》第二章《天人合一》）一般说来，中国古代各派思想家（包括先秦儒道及后来的思想家）都反对将天与人相对立的观点，讲究二者的统一、协调与和谐，将天人合一视为一种理想的人生境界。但各派对天人合一的理解不尽相同。如孟子是从人的禀性看待这个问题的，认为人只要认识了自身的善性，便能认识天，这就是他所说的“尽其心者，知其性也；知其性，则知天矣”，从而达到“上下与天地同流”（《孟子·尽心上》，朱熹《四书集注》）。老庄重点是从肯定人的自然本性与清净无为的立场主张人对天道（“自然”）的顺应，如老子称“人法地，地法天，天法道，道法自然”（《老子》第二十五章），庄子称“天地与我并生，而万物与我为一”（《庄子·齐物论》）。程朱理学赋予天道（天理）以鲜明的道德内容，把天人统一起来，宣称“理”的核心内容为三纲五常。作为理学家的陈白沙在天人合一问题上不可避免要受到程朱道德论的影响，认为天具有自然属性的同时又具有道德属性，作为与天相合相通的人兼具这两种属性。

但是白沙学说的核心内容，不论是与合一于自然的道家观点还是与程朱道德论的观点都有所区别，与后者更有较大的差异。它表现在：其一，白沙以天道、天命为人的本心、本性，认为它们存在于人的心性之中；其二，白沙认为，本心与天道固然相通，但又有高度的自足性与能动性，“我”即人的禀性和自我意识都是宇宙精神的体现，正如他所说的，“天下之物尽在我”（《论前辈言铢视轩冕尘视金玉》），“天地我立，万化我出，宇宙在我矣”（《与林郡博》七），这是白沙所追求的天人合一的最高境界，也是白沙心学区别于道家“清静无为”之说的重要特征，强调“我”

和本心在诗歌创作中的地位，凸显白沙心学与诗学融为一体的昂扬、自得之精神品格。

四是追求神与物游，主张以风韵写天真。

白沙认为，正是由于人的本心具有与天地同化、吐纳自然的功能，不仅能够挥斥万物，而且能够进入周游八极、与万物冥合、俯仰宇宙的精神境界。白沙描绘这种感受时写道："放浪形骸之外，俯仰宇宙之间。当其境与心融，时与意会，悠然而适，泰然而安。物我于是乎两忘，死生焉得而相干……气蕴春风之和，心游太古之面，其自得之乐亦无涯也。"（《湖山雅趣赋》）这种神与物游、境与心融、超脱物我、死生的境界，既是一种潇洒、自然的人生境界，也是一种充满诗意的审美境界。诗人一旦进入这种境界，就会获得如鸢在天、如鱼跃水的感受，具任真自得之诗心，在诗中展现自然之风韵。正如白沙所说的："天道不言，四时行，百物生，焉往而非诗之妙用？会而通之，一真自如。故能枢机造化，开阖万象……而见鸢飞鱼跃之机。"（《夕惕斋诗集后序》）他强调："论诗当论性情，论性情先论风韵"，"性情好，风韵自好；性情不真，亦难强说"（《与汪提举》一）。性情决定风韵，风韵展现性情。王夫之称赞白沙诗"以风韵写天真"（《姜斋诗话》卷下四十四），所谓"风韵"就是诗中展现的神与物游、境与心融，任真自得的审美境界，"触之天和，鸣之天籁，油油然与天地皆春"（屈大均《广东新语》卷十二）的美学境界，是发自自然，从诗人胸臆流出的本色，正如白沙弟子张诩所言"寄语了心人，素琴本无弦"（《白沙先生墓表》）。有学者说："本色者，所以宝其天趣也。故夷光（古代著名隐士许由、务光）之姿，必不肯污以脂粉；蓝田之玉，又何须饰以丹漆？此本色所以可贵也。"（陶明濬《诗说杂记》）作为一位隐逸山林、"宝其天趣"的本色诗人，追求自然本色是白沙诗论的一个亮点。湛若水谈到白沙诗文时说：

夫自然者，天之理也。理出于自然，故曰自然也。在勿忘勿助之间，胸中流出而沛乎，丝毫人力亦不存……夫先生诗文之自然，岂徒然哉？盖其自然之文言，生于自然之心胸；自然之心胸，生于自然之学术；自然之学术，在于勿忘勿助之间，如日月之照，如云之行，如水之流……孰安排是，孰作为是，是谓自然。

——《重刻白沙先生全集序》

这一段话揭示陈白沙师宗造化，自法心源，将二者熔为一炉，以情性、心源为本的特点，对我们认识白沙诗论的要蕴与特点有一定的帮助。

第三章

诗品诗风

白沙一生虽有几次入京的短暂经历，并应召授翰林检讨，但他乞归乡奉母，长期在圭峰山下授徒讲学，是一个远离庙堂的隐士，他的诗大都表现隐逸山林田园的生活情趣，被视为明代前期山林诗人的代表。明人俞弁指出，“山林（诗）则陈白沙、庄定山为白眉”（《逸老堂诗话》卷下），意指明代前期山林诗人以陈白沙、庄定山地位最为突出。这一评价揭示出白沙诗歌的主导倾向和美学特质。明诗台阁、山林之分始于“宰相诗人”李东阳，他说：“至于朝廷典则之诗，谓之台阁气；隐逸恬淡之诗谓之山林气。此二气者，必有其一，却不可少。”（《麓堂诗话》）作为台阁重臣的李东阳对具隐逸恬淡之气的山林诗予以重视，表现出一种可取的审美眼光。白沙素以隐士自居，自称“本麋鹿之性”（《复彭方伯》），“远居山林也，则行乎山林”（《与林蒙庵》），向往“投竿弄水，击壤而歌”，“醉则曲肱而卧，藉之以绿草，洒之以清风”（《东圃诗序》）的生活情调。远离庙堂，寄身山林、田园的隐居生活和长期习静的心性修养，形成白沙独标流俗的品格，超逸旷达的怀抱，使他的诗作呈现一种真率自然、高逸出尘的美学品质，这就是李东阳称道的隐逸恬淡的山林气。

一、山水诗的潇洒自得

我国古代早期山水诗重于刻画，如南朝“二谢”（谢灵运、谢朓）的山水诗就是以模山范水为主，偏重对自然景物客观细致的刻画，以清新秀美的诗笔展现山水之美，如“林壑敛暝色，云霞收夕霏”（谢灵运），“天际识归舟，云中辨江树”（谢朓），都是有名的佳句。由于重在描摹、展现自然山水的客观之美，诗中之境亦可称为“画境”（实境）。

至唐代，由于时代风气变化和唐人诗歌创作对“兴象”“意境”的重视，山水诗创作大量渗入主观感受，实现客观之境与主观之意的同一，使得“思（意）与境偕”、情景（境）合一成为唐人山水诗创作的自觉。这在王维、孟浩然、李白、杜甫的作品中得到充分展现，如“独坐幽篁里，弹琴复长啸。深林人不知，明月来相照”（王维《竹里馆》），“移舟泊烟渚，日暮客愁新。野旷天低树，江清月近人”（孟浩然《宿建德江》），都是流传千古的佳作。可见，唐人山水诗所追求的是意境。

白沙熟读唐宋诗，他创作的山水诗有清淡、简洁之韵，颇得唐人王（维）孟（浩然）风致与意趣，如：

> 冬眠不觉晓，开门见白云。
> 云中何所有，童子两三人。

——《晓起》

不难看出，这样的小诗糅合孟浩然《春晓》（“春眠不觉晓”）和贾岛《寻隐者不遇》（“松下问童子”）的笔致、诗意，诗人以疏淡、飘逸的白云渲染一种隐逸之气，自成一格，耐人寻味，是情景（境）合一、饶有意境的佳作。

白沙山水诗，更多的却是表现一种心学家对自然山水的观照与体认，是一种超旷、“自得”情怀的挥洒。

白沙对孔门弟子曾皙（点）沂水之浴陶然忘机的乐趣表示由衷的欣赏和向往，他在诗中说，“我浴江门点浴沂，藤蓑自样制春衣”（《次韵苏伯诚吉士》），“三月莺啼正满山，傍花随柳水云间。古来曾点称如许，不是天公不放闲”（《次韵罗仲明先生见寄》）。白沙流连林泉，以自然山水为观赏对象的同时，追求一种心凝神释、与物同流的意趣：

天际有山皆古色，水边无树不秋声。
一春桃李风吹尽，万里乾坤雨洗清。

——《南海祠下短述》

担头行李但书囊，选胜寻幽到上方。
身与白云同去住，客从何处问行藏。

——《游白云》

有的山水诗表现出诗人由胸次悠然的意趣升华的潇洒自得：

江流东与海潮通，江去潮来今古同。
岩洞风光诗卷里，天涯岁月钓船中。

——《赠同游马玄真伍伯饶甥舅》

柳渡一帆秋月，江门几树春云。
来往一时意思，江山万古精神。

——《六言》

蜻蜓翅短不能飞，款款随风堕客衣。
此是天人相合处，蒲帆高挂北风归。

——《上帆》其一

这些诗表现的白沙优游、徜徉于自然造化或历史沧桑的精神状态，已不仅仅是对山水的流连，它们使人想起诗人津津乐道的“鸢飞鱼跃”“浩然自得”的状态与宇宙生生不息的精神，体现白沙心灵与自然的同构，诗境与心学的融通。这些充满诗意的画面与其说是诗人忘情于自然美景的山水意趣的抒发，毋宁说是白沙获得境界的诗学延伸与心灵图像的呈现，以活泼自然的姿态凸显昂扬自得的主观精神和美学张力，展现白沙独有的心境与心学气象。毋庸讳言，白沙这类诗作拓展、丰富了明代山水诗的意境和美学品格。

二、田园诗的超旷襟怀

白沙天性超逸，淡泊名利，志行高洁，乐在田园山林，他这种淡泊、超旷的襟怀在田园诗中得到真实的展现：

流连脯时酒，吟咏古人诗。
夕阳傍秋菊，采之复采之。
采之欲遗谁，将以赠所思。
所思在何许？千古不同时。
四海倘不逢，吾宁独去兹。
愿言秉孤贞，勿为时所欺。

——《移居》其二（和陶诗十二首）

我始惭名羁，长揖归故山。
…………
东篱采霜菊，南渚收菰田。
游目高原外，披怀深树间。
禽鸟鸣我后，鹿豕游我前。
冷冷玉台风，漠漠圣地烟。
闲持一觞酒，欢饮忘华颠。
逍遥复逍遥，白云如我闲。
乘化以归尽，斯道古来然。

——《归田园》其二（出处同上）

前一首诗（《移居》其二）表现白沙对陶渊明追求自由、逃禄归耕高士古风的由衷思慕与向往，表达自己面对世俗，洁身自好、独抱孤真的人生理想。在后一首诗（《归田园》其二）中，白沙一开始就表明自己归耕是为了摆脱功名的牢笼。诗中随之充分展现诗人归田园以后丰富多彩的生活与自得其乐的感受：既有采菊收菰的农事劳动，也有游目骋怀的休憩，更有禽鸟、鹿豕的追随之乐与山林云岚朝夕为伴的愉悦。在这令人神往的田园生活与自然胜境中，他享受到委身大化，与之融为一体的乐趣，结句“乘化以归尽，斯道古来然”更是对陶渊明“聊乘化以归尽，乐夫天命复奚疑？”（《归去来兮辞》）服膺自然之道的体认，与陶诗“纵浪大化中，不喜亦不惧”（《形影神赠答诗》）顺应自然、乐天安命的主旨如出一辙。全诗表现的是一种乐在田园的隐者、智者、达者心态——对逍遥自得、超旷襟怀的表白，对自然、宇宙与人生之理的悟彻，对乘时委运精神境界的体悟与追求。

有的田园诗写到白沙参加农事劳动的乐趣：

一蓑费几藤，南冈砺朝斧。
交加落翠蔓，制作类上古。
吾闻大泽滨，羊裘动世祖。
何如六尺蓑，灭迹芦花渚。
举俗无与同，天随梦中语。
今夜不须归，前溪正风雨。

——《藤蓑》其一

迟明向南亩，疏星在檐端。
夫出妇亦随，无非分所安。
道旁往来人，下车时一观。
…………
逻苗远峙夕，濯足荒沟寒。
…………

齐声鼓腹讴，永谢攒眉欢。

——《庚子岁九月中，于西田获早稻》

前一首诗写白沙从事采藤制蓑的过程与感受，全诗趣味盎然，襟怀旷达、格调高古，结尾耐人寻味；后一首诗展现出白沙与农人耕作田园，自得其乐的生活图景，描摹了丰富多彩的田园生活与隐居乐趣。

上述诗作画面的宁静氛围和情趣与陶渊明的田园诗都十分接近。

三、咏物诗的人格内涵

隐居圭峰山下的白沙，怀着对大自然的热爱，写下大量的咏物诗。对梅、兰、竹、菊以及南国特有的木樨、赛兰等富有生意和自然灵气的草木，诗人都一一发为吟咏，写进诗中。这些诗作大多基于传统的“比德说”，即运用比兴寄托的手法，将自然草木与人的道德属性联系起来，使所咏之物富于道德色彩与人格内涵，体现白沙对人格美的追求。这种手法既受《诗经》《楚辞》以“香草美人发为兴寄”手法的影响，也受宋明理学家以诗观德，涵养德行、性情的影响。在周围生长的自然草木中，白沙入诗最多的是有君子之称的梅与菊。据统计，《白沙集》中与梅花有关的诗约五十首，与菊有关的诗约六十首，可见白沙对菊之钟情。早在屈原的诗中，菊就被赋予高洁的品质，“朝饮木兰之坠露兮，夕餐秋菊之落英”是《离骚》中的名句。菊在古代文学史上为诗人文士所瞩目，以清高脱俗为人所赞扬，成为君子或隐士的象征。古代爱菊的诗人，首推东晋陶渊明。古人笔记谓，“陶潜无酒，坐宅边菊丛中采菊盈把”，见有人送酒来，“即便就酌”（檀道鸾《续晋阳秋》）。陶渊明把菊花引为知己，种菊、采菊、赏菊成为他田园隐居生活的重要内容之一，菊与酒更是陶诗中的不可或缺之物。如“秋菊有佳色，浥露掇其英。泛此忘忧物，远我遗世情”（《饮酒》其四），“酒能祛百虑，菊为制颓龄”（《九日闲居》）……他的《饮酒》诗“采菊东篱下，悠然见南山”（《饮酒》其五），更是因为传神地表现了回归自然、恬淡自在的心境，成为广为传诵的佳句。

陶渊明爱菊，欣赏它不惧风寒、凌霜吐芳的坚贞品格：

…………

芳菊开林耀，青松冠岩列。

怀此贞秀姿，卓为霜下杰。

衔觞念幽人，千载抚尔诀。

…………

——《和郭主簿》其二

诗中突出了秋菊与青松耀目、挺秀的形象，表现诗人对其坚贞不移节操与品格的欣赏、赞扬，借此表达对幽人隐士、野士遗贤的思念。

与屈原、陶渊明等先贤有着精神共鸣的陈白沙，高度欣赏秋菊，他的《菊逸说》一文，以古人“比德说”揭示秋菊精神的要旨，表达白沙对秋菊情有独钟的原因。文章说：

草木之品在花，桃花于春，菊花于秋，莲花于夏，梅花于冬。四时之花，臭色高下不齐，其配于人也亦然。潘岳似桃，陶元亮似菊，周元公似莲，林和靖似梅。惟其似之，是以尚之。惟其尚之，是以名之。……屈子曰：“夕餐秋菊之落英。”陶子曰：“秋菊有佳色，浥露掇其英。”皆以菊为悦者也，皆古之贤人也。……菊之美不待赞。菊，花之美而隐者也。某之托于菊也，亦不待赞。

白沙分别以桃、菊、莲、梅比配古人不同的人格气象，将菊花比喻成花中的隐士如陶潜者，悦菊之情溢于言表。

白沙的咏菊、咏梅诗多含有比人或自比的深意，如：

春到东篱花亦知，红桃白李正当时。

东风自领芳菲去，也为秋香作意吹。

——《正月菊》其一

诗中写正月开放的菊花默默无言，不与红桃白李争春；在秋季的芳菲过后，自会散发浓郁的香气，突显其“美而隐者”的品质。

玉台山中冬酒熟，玉台氤氲闻紫菊。
…………
世人有眼不识真，爱菊还他晋时人。
一瓢酩酊庐山下，万乘之君不得臣。

——《答惠菊》

这首诗借写菊赞扬陶渊明旷放守真的隐士品格，同时流露白沙清高自得的襟怀。

严寒百卉枯，三径挺秋菊。
绿叶明紫英，微风送寒馥。

——《紫菊吟送林时嘉》

在这首短诗中，白沙以傲霜的秋菊慰勉友人林时嘉面对世俗浊流，坚持操守，不为所动。

白沙的咏梅诗更多的则是突出梅花孤清、幽冷的气质与高标独秀的隐士品格，如：

…………
引步寻香易，无心弄影难。
乾坤留妙处，何处觅孤山？

——《梅花》其二

发与疏梅白，身将寡鹤亲。
孤山残雪后，清绝凭栏人。

——《题和靖梅》

两首诗表达了白沙对以梅为伴的孤山隐士林逋的追慕。

有的咏梅诗别有寄托，具有耐人寻味的内涵：

老树眠江水啮之，茫茫水月浸花枝。
暗香卷入沧溟去，不是渔翁哪得知？

——《梅花》其二

诗中这株月光映照的江边老梅树，在江水浸泡下显得十分苍凉，散发的幽香随江水卷入茫茫大海，只有与江海为伴的渔翁才能深谙它这份“孤芳”。这株散发幽香、品味孤独的老梅树，不正是身处西江之滨的白沙的自我写照吗？

白沙说：“草木之精气下发于上为英华，率谓之花。然水陆所产，妍媸高下美恶不等，盖万不齐焉，而人于其中择而爱之……非爱之而溺焉者也。”“引而伸之，触类而长之，于道其庶几乎！”（《素馨说》）此文可与《菊逸说》互为印证，表明无论是咏菊、咏梅还是其他草木，白沙均重视道德的内涵，通过这些作品既以比兴寄托的手法表达作者的道德情操，又展现有明一代士人的文化心态与人格理想。

四、论道诗的哲理趣味

白沙还写了不少的论道诗。其中一些妙手偶得的小诗于自然人事的吟咏中包含耐人寻味的理趣。如《对竹》（其一）：

窗外竹青青，窗间人独坐。
究竟竹与人，原来无两个。

此诗抒发对竹的感悟之“道”。诗人独坐窗前，面对窗外一片翠竹青青，引发出物我一体之联想：“我”与竹虽不属同类，“而所以为生者，本乎宇宙之一气，浑然同体”（湛若水《白沙子古诗教解》下）；另据《近思录》记载，宋儒程颢跟随周敦颐（茂叔）读书，见茂叔窗前草不除，问之。茂叔云："与自家意思一般。"周敦颐认为，天地之大德，就是生长发育万物之大化；仁者与万物一体，草木之生机当与人本心之生机一致，就是"自家意思"与天地大德的契合，表明理学家重视自然界的生命意趣，着意于主体与客体生命的互动共感。这类诗实际上是白沙的以诗证道之作，将理学家的哲理与诗的审美境界沟通起来，引导弟子从自然草木领略生命的意蕴，领会到仁者与万物一体之天地大德的内涵，故湛若水赞曰"先生随处体认仁体"，乃得濂溪之真传（湛若水《白沙子古诗教解》下）。

又如《梦后作》（其二）：

见月时一吟，夜凉称人心。
回头望东川，流水无古今。

此诗为作者梦醒所感：一觉醒来感觉夜凉月好。倏然回首，又见月下东川之水长流不息，于是发出"流水无古今"的感慨，寓涵"万物之生意，天地之升降"，"皆与道为体"周流不息之意（湛若水《白沙子古诗教解》下）。

白沙的论道诗通俗自然、耐人寻味，将道心和诗心融为一体，既具有浓郁的诗意，又带有一定的思辨和智性色彩，包含宇宙、人生的深刻理趣与智慧，有助于世人体认儒学的"仁心""道心"和中国传统文化的深刻内涵。

屈大均说："白沙先生善会万物为己，其诗往往泄露道机……道之生生化化，其妙皆在于物，物外无道。"（《广东新语》卷十二）

林俊评白沙诗曰："涵养完粹，脱落清洒，独超造物牢笼之外，而寓言寄兴于风烟水月之间，盖有舞雩陋巷之风焉。"（钱谦益《列朝诗集丙集第四》引）

他们的评价揭示白沙道与诗、学术与人格的密切关系，观照出白沙诗的品格和美学风貌。传统诗论认为"诗品出于人品"（刘熙载《艺概・诗概》），"诗每以人见，人又以诗见"（叶燮《原诗・外篇》上），读者由白沙之诗可见其"自得"的精神、超逸的襟怀、卓立之人格与人品；而其"涵养完粹，脱落清洒"、卓尔不群的人格又使其诗焕发如"天葩之发"

（湛若水语）的美学光彩，以中国古典美学的标尺衡量，白沙的诗品和人品达到了高度统一。

白沙认为，诗是性情的抒发，大凡好诗都是真性情的流露和尽现。他说："言，心之声也。形交于物，动乎中，喜怒生焉。于是乎形之声……或为云飞，或为川驰。声之不一，情之变也。率吾情盎然而发之，无适不可。"（《认真子诗集序》）白沙真率自然、高逸出尘的诗风出自他的真性情，是性情自然流露与"自然之乐"（《与湛民泽》四）的真实摅写，是"真我"的自然流露。

白沙长期栖居圭峰山麓，饱览青山风月、四时田园，又曾游历南粤及江南其他名山大川，粤中名山罗浮、江西鄱阳及永丰一带的湖西八景，浙江的富春江、杭州西湖都曾留下他的踪迹。无论是置身山林、田园，还是面对江海、草木，白沙在游目骋怀、放情自然中，都会将整个身心与外物融为一体，追求与自然、大化的同一。用他的哲学语言来说，就是达到"物我两忘，浑然天地气象"（《与贺克恭黄门》十）。故此，白沙论诗重"性情"，主张自然而为，不假造作，说"性情好，风韵自好，性情不真，亦难强说"（《与汪提举》二）。"性情"生于主体，源于保其天和的"真我"，即"不累于外，不累于耳目，不累于一切"（《赠彭惠安别言》）的"无所著之心"（《与林郡博》七）。白沙不少诗作都是这种"真性情"流注的结晶。

此外，从历史渊源追溯，白沙的思想人格、诗风深受陶渊明的影响。

作为不同时代的两位千古隐士，有"中古时代之大思想家"（陈寅恪语）和"隐逸诗人之宗"（钟嵘《诗品》）之称的陶渊明，其诗中展现的人生理想引起有相似经历和襟抱的白沙的精神共鸣、追慕和向往。白沙常以陶渊明自比，诗称"五柳前身处士"（《漫兴》其三）；翻检《白沙集》，渊明名号随处可见，并有《渊明爱菊》《和陶诗》十二首及用陶韵、仿陶作等等，足见白沙对这位先贤的喜爱以及与其性情的契合。

白沙受陶渊明的影响有三个方面。

一是人格节操。

陶渊明"不戚戚于贫贱，不汲汲于富贵"（《五柳先生传》），虽然生活贫困，“环堵萧然，不蔽风日，短褐穿结，箪瓢屡空”，内心仍然平静如初（“晏如也”，出处同上）。面对“真风告逝，大伪斯兴”的社会现实，坚守本性，乐在田园，坚持走逃禄归耕的隐居之路，表现出可贵的节操。萧统在《陶渊明集序》中说：“贞志不休，安道苦节，不以躬耕为耻，不以无财为病，自非大贤笃志，与道污隆，孰能如此乎？”又说，“尝谓有能读陶渊明之文者，驰竞之情遣，鄙吝之意去，贪夫可以廉，懦夫可以立，岂止仁义可蹈，亦乃爵禄可辞！”

他对陶诗展示的高尚节操及道德感化力给予的高度评价，长期以来得到人们的认同。

湛若水说，白沙“和陶十二章……读之可想见先生之高风，足以廉顽立懦，为百世师矣”（《白沙子古诗教解》上）。

不难看出，甘泉此论借鉴萧统对陶诗的评价，甘泉认为白沙《和陶诗》与陶诗本身一样，体现可贵的节操，具有“廉顽立懦”的道德感化作用。

二是向往自然的思想。

“自然”是陶渊明追求的人生境界。所谓“自然”，即非人为的本来状态，源出老庄。《老子》说：“人法地，地法天，天法道，道法自然”，强调人与天、道同德，效法自然之道。庄子对“自然说”作了进一步发展，主张一切顺乎自然，反对以任何人力改变、损害事物的本来状态，“不以心捐道，不以人助天”（《庄子·大宗师》），宣称“同乎无欲，是谓素朴，素朴而民性得矣”（《庄子·马蹄》）。陶渊明标榜“任真自得”，致力于追求淳朴、真实的生活方式和人生理想，深受老庄思想的影响。朱熹说“渊明所说者庄老”（《朱子语类》卷一三六），陈寅恪先生说“渊明之为人实外儒而内道”（《陶渊明之思想与清谈之关系》，《金明馆丛稿初编》），都揭示了这位东晋诗人思想以道家为主导的特色。陶渊明为脱离“真风告逝，大伪斯兴”（《感士不遇赋》）的社会，从污浊的官场回归田园，在诗中说“久在樊笼里，复得返自然”（《归园田居》），“此中有真意，欲辨已忘言”（《饮酒》其五）。他所说的“自然”与“真意”，就是指自己对“抱朴含真”（《劝农》）自然生活的重新融入与自然天性的恢复。回归自然就是陶渊明的人生理想。“云无心以出岫，鸟倦飞而知还”（《归去来兮辞》），“问君何能尔，心远地自偏”（《饮酒》其五）都表现出陶渊明对自然生活的由衷向往和陶醉。

白沙常年栖息圭峰山麓，饱览青山风月，“或浩歌长林，或孤啸绝岛，或弄艇投竿于溪涯海曲”（张诩《白沙先生墓表》，《陈献章集》附录）。放情山水、躬耕田园的生活，不断深化他对人生与自然的感悟，使他很容易从陶渊明的田园诗获得共鸣。白沙不仅写了《和陶诗》十二首，还经常以陶体通俗摅写自己隐居山林的感受：

…………
东园集茅本，西岭烧松烟。
疾书澄心胸，散满天地间。
聊以悦俄顷，焉知身后年。

——《漫题》其二

夜闻桂树芳，晨起山鸟喧。
客从远方来，历我阶西偏。
…………
我愿结其人，遂往不复还。
滞形宇宙内，俯仰独何言。

——《送李刘二生还江右，用陶韵》

白沙通过诗歌表达自己陶醉于自然山水，与自然融为一体的精神状态：

逍遥复逍遥，白云如我闲。
乘化以归尽，斯道古来然。

——《归田园》

白沙将自我融入周流不息的“大化”之中，其诗意与陶渊明“纵浪大化中，不喜亦不惧”（《形影神赠答诗》）委运任化的感受如出一辙。陈寅恪先生在谈到陶渊明这首诗时指出，其“要旨在委运任化。夫委运任化亦自然也。既随顺自然，与自然混同，则认己身亦自然之一部”“唯求融会精神于运化之中，即与大自然为一体”（《陶渊明之思想与清谈之关系》，《金明馆丛稿初编》）。为此，陈寅恪将陶氏此说与宣扬羽化升仙之“旧自然说”相区别，称之为“新自然说”，从而深刻揭示出陶渊明思想之渊源为道家。陈白沙钦慕陶渊明，深含对其富于道家色彩、委运自然的人生理想的肯定与欣赏。湛若水说，“白沙先生之诗文，其自然之发乎？”“夫自然者，天之理也，理出于自然，故曰自然也”（《重刻白沙先生全集序》，《陈献章集》附录）。“唯夫子之道本乎自然，故与百姓同其日用，与鬼神同其幽，与天地同其运，与万物同其流，会而通之，生生化化之妙，皆吾一体，充塞流行于无穷……”（《白沙先生改葬墓志铭》，《陈献章集》附录），深刻揭示白沙学说追求“自然”之旨与道家思想（“新自然说”）的联系。

必须指出，白沙倡导的“自然”与“新自然说”既相联系又有区别。从相联系的一面来看，都含有“与天地同体”（物我一体）（《与湛民泽》七）的精神追求与对同乎自然、任天保真这一命题的肯定；从相区别的一面来看，白沙在主体精神上追求一种“不累于一切，鸢飞鱼跃”（《赠彭惠安别言》）“自得”境界，正如前面所指出的，白沙的“自得”是“自然”境界的升华，人只有在天人一体，与万化冥合的状态中，才能从“自然”境界进入“自得”的境界。故黄宗羲转述刘宗周的话说，白沙“学宗自然，而要归于自得”（《明儒学案·师说·陈白沙按语》），“自得”是白沙心学的核心。

三是诗风。

白沙向往自然的思想，使得他在诗歌欣赏和创作中追求自然平易的诗风。白沙的诗风深得陶诗的风韵与精神。这不仅表现在白沙诗中对田园山林隐逸生活别开生面的吟咏所体现出的遗世独立的精神风采，还表现在他欣赏、推崇陶诗的自然美学风格。在古代诗人中“豪华落尽见真淳”（元好问句）的陶诗以平淡的自然美著称，善于从寻常的乡村景物中展现不寻常的诗意。白沙特别服膺渊明，宣称“作诗尚平淡”（《对酒用九日韵》其四），“或疑子美圣，未若陶潜淡”（《示李孔修近诗》），这表明白沙在美学倾向上更接近陶诗。甘泉在谈到这两句诗时指出，“圣，言子美诗之神妙也；淡，言陶渊明诗有冲淡之意，自然天成，又非子美用功锻炼者所能及也”（《白沙子古诗教解》下），这种解释与事理相合。有“诗圣”之名的杜甫以重诗艺著称，自云“为人性僻耽佳句，语不惊人死不休”（《江上值水如海势聊短述》），语言上重锤炼，律切精严；陶诗语言贵在平淡自然，直抒胸臆。白沙敬重杜甫，他说：“余尝爱看子美、后山等诗，盖喜其雅健也。”（《次王半山韵诗跋》）《白沙集》中还有《杜甫游春》诗。但与渊明、杜甫比较，白沙在性情与美学情趣上近合于前者，乐在山林田园的他喜好自然为文，多次说“古文字好者，都不见安排之迹”，“自然妙也”（《与张廷实主事》九）；“大抵诗贵平易，洞达自然，含蓄不露，不以用意装缀”为工（《批答张廷实诗笺》）。因此，平淡自然之陶诗合乎白沙的口味。

陶渊明为中国古代诗人的平淡之宗，梅尧臣说：“诗本道性情，不须大厥声。方闻理平淡，昏晓在渊明”（《答中道小疾见寄》）。熟悉陶诗的人都知道，看似平淡的陶诗，实为成熟的极致。宋人对陶诗平淡的阐释不尽相同，但总的认为，它所表现的是一种平淡自然、内蕴深厚的天然、高逸之美；这种美的创造与语言的淡朴、平易，手法的不尚华巧、雕琢有着密切的关系。正如论者所说：“陶公诗语造平淡而寓意深远，外若枯槁，中实敷腴，真诗人之冠冕也。”（李公焕《笺注陶渊明集》卷四）。陶诗的平淡诗风乃是他冲旷淡泊人生态度的真实表达，与他“抱朴含真”的人格、襟怀、涵养有着密不可分的关系，是他淡泊清远、胸次浩然的情性和精神世界的自然呈现，也是他生命情思和自然造化交会融合所创造的最高境界。对此，一些学者有过中肯的评价，说，“渊明诗所以为高，正在不待安排，胸中自然流出”（《朱子语类》），“渊明诗语淡而味腴，和粹之气，悠然流露”（伍涵芬《读书乐趣》卷一），具有“质而实绮，癯而实腴”（苏轼《东坡题跋》），即表面平淡实则山高水深——高逸、丰富的品格。因此有日本汉学家指出：

陶渊明的语言通常是平静（平淡）的，但那是具有高密度的平静。平静的内部，复杂而（浓）厚……就像深渊的水，表面沉睡在一片令人静穆的碧色之中，可在它的底下，几股相互矛盾冲突的潜流在撞击着、争斗着，它们力量的平衡产生了表面的平静。（吉川幸次郎《中国诗史》）

主张透过陶诗语言上“高密度的”平淡，从陶渊明精神深处的矛盾去探求这种平淡诗风形成的原因，寻求陶诗的言外之意。

由于陶渊明及陶诗的美学效应，文学史上（特别是宋以后）不乏和陶之作，但一般作者的和陶诗只能得陶诗之皮相，而失之精神，正如姜白石（夔）所言，“陶渊明天资既高，趣诣又远”，“断不容作邯郸学步也”（《白石道人诗说》）。白沙由于回归田园、山林的志向与渊明同，安贫乐道、淡泊名利的操守与渊明同，高风绝尘、追求自然的人生理想与陶渊明契合相通，故其诗作特别是《和陶诗》十二首等，它们往往通过普通的农村生活和农事活动的感受展现浓厚的诗意，诗风平淡、高逸，具有古朴清淡，平易自然的特点，深得陶诗真趣与神理。这种平淡的美学风貌，和陶诗一样，也是一种高层次、高密度的平静（平淡），借用古人的话说，这是一种“水流自行，云生自起”（陆时雍《诗镜总论》）境界，“入之愈深，则其言愈质，言之愈质，则其传愈远”（袁宏道《行素园存稿引》）。它是白沙淳朴、丰富、成熟的人生经历和他向往、追求自然理想的自然流露和真实展现，也是他心学成熟流注的结晶。白沙的《和陶诗》在内容、体裁、格调上与陶诗相似，名为和诗，实为创新，它闲远的意境，古淡的语言，朴素、单纯的色调，实际上都是白沙淡泊守真、自然美学理想的诗化。正因为如此，白沙的《和陶诗》既接近陶诗形神兼备的境界，又具有平朴、古淡的美学个性，赢得世人赞扬。

白沙说：“欲学古人诗，先理会古人性情是如何。有此性情，方有此声口。”（《批答张廷实诗笺》）这是白沙重要的经验之谈。正因为如此，他的《和陶诗》才能达到如此高的境界。杨慎评白沙诗“有陶靖节遗意”（《升庵诗话》卷七），主要就是指的这一类作品，当为知人之论。不过和陶渊明比较，白沙诗风除了平淡、自然、高逸之外，还要多一点“满林啼鸟送春归”（《初晴》）、“蒲帆高挂北风归”（《上帆》其一）的心学家的潇洒和鸢飞鱼跃的“自得”。

五、借鉴、取法宋诗

白沙诗泛学宋人，整体上具宋诗体貌。

从诗歌发展的沿革看，明诗乃承宋诗而来。受文化思潮的影响，与富于感性、兴味（兴趣）的唐诗不同，宋诗重理性、议论、技巧。针对宋诗的这些特点，严羽称为“以文字为诗，以才学为诗，以议论为诗”（《沧浪诗话·诗辨》），主要来自佛教、理学的浸淫和诗艺的发展，这种倾向颇近后来陈衍所称的“学人之诗”（《石遗室诗话》）。

从诗学渊源看，白沙论道诗受邵雍（康节）影响较深。邵雍既是北宋重要的理学家和著名学者，也是理学诗和学人之诗的开创者。他的《击壤集》善于以道入诗，首开理学诗的风气，他主张人情与天意相合，要诗人超越一己一时的喜怒、好恶，用天地万物的本然之理去观察宇宙万物（“非观之以目而观之以心，非观之以心而观之以理也”，从而展现出“万物之自得”《观物内篇》）的一派天机；他在诗中表现出的以物观物、安时处顺的人生意趣与平淡诗风在北宋诗坛独标一格，并给宋诗和宋明两代理学诗的发展带来不可忽视的影响。《白沙集》中不乏对他的赞扬，如“子美诗之圣，尧夫更别传。后来操翰者，二妙少能兼”（《随笔》），“一瓢岂肯方颜子，千首将无有邵雍”（《夜坐因诵康节诗偶成》），“伊川《击壤》三千首，都共南风一项高”（《梁文冠抄诗》）等，《白沙集》中部分寄兴遣怀诗与论道诗颇具康节的理趣与风月情怀，如：

诗到尧夫不论家，都随何柳傍何花。
无住山僧今我是，夕阳庭树不闻鸦。

——《得世卿、子长近诗，赏之》

时物纷纷共斗妍，好春多在语莺边。
傍花随柳我寻句，剩水残山天赐年。
竹径旁通沽酒市，桃花乱点钓鱼船。

而今我爱孙思邈，自古高人方又圆。

——《追次康节先生小圃逢春之作》其一

邵雍居洛阳三十余年，以“安乐窝”名其居所，自称“安乐窝中快活人”（《安乐窝中四长吟》）。他在《伊川击壤集自序》中说：“《击壤集》，伊川翁自乐之诗也，非惟自乐，又能乐时与万物之自得也。”善于观物的邵雍主张在静默的观照中将自己的生命与宇宙自然打成一片，从万物的生机和对天道的体认中获得生命的愉悦。又如“万物静观皆自得，四时佳兴与人同。道通天地有形外，思入风云变态中”（程颢《秋日偶成》），通过诗歌表达对冲融恬淡精神境界的追求。白沙对静观自得、乐天知命的乐观精神与情趣十分欣赏，主张效法此“乐”，追求“真乐”的境界，即物我一体的心灵自由。他说：“自然之乐，乃真乐也。”（《与湛民泽》之九）他在《真乐吟，效康节体》一诗中写道：

真乐何从生，生于氤氲间。
氤氲不在酒，而在心之玄。
行如云在天，止如水在渊。
静者识其端，此生当乾乾。

白沙在哲学襟怀和诗风上追随康节（笔者注：较之康节，白沙要轩昂自得。论述见前），善于将相通的美学趣味和生活感受融于诗中，并在诗歌技法上受到宋代其他诗人特别是江西诗派的影响。钱锺书先生指出：“白沙泛学宋人，不仅一康节，且往往遥袭成联，如《晚步》之‘泥筌收郭索，山网落钩辀’，则林和靖之‘草泥收郭索，山木叫钩辀’也；《春阴偶作寄定山》之‘共联春错莫，更觉老侵寻’，则王安石之‘塞垣春错莫，行路老侵寻也’”。仅此数例，可见白沙对宋诗的喜好与借鉴。白沙于宋人中颇好江西诗派的陈师道，他说，“予尝爱看子美、后山，盖喜其雅健也”（《次王半山韵诗跋》），又说，“陈后山之诗，一时人皆不好，独山谷与坡翁知之，卒能行于世”（《与伍光宇》三）。陈师道师法黄庭坚，是江西诗派的重要诗人。他的不少观点都和黄庭坚相近，如推崇杜甫，认为“学诗以子美为师”；重视学养，讲究技巧，主张创新等。陈师道诗富有个性，感情真实、醇厚，语言清劲雅洁、朴拙隽永；论诗贵在自得，称诗人“若其自得于心”而“尽万物之变者，其天下之奇才乎”（《颜长道诗序》，《后山居士文集》卷十六）。前人评：“后山之诗，于淡泊中醰醰乎有醇味，其境皆真境，其情皆真情，故能引人之情，相与流连往复，而不能自已。”（卢文弨《抱经堂文集》卷十三）纪昀称赞后山五律“苍坚瘦劲，实逼少陵”，指出，“其间意僻语涩者，亦往往自露本质，然胎息古人，得其精髓，而不掩其性情，此后山之所以善学杜也”（《陈后山诗钞》序）。后山贵自得，学杜诗得其精髓，不掩其真性情，应该是白沙欣赏并借鉴陈师道的主要原因。

钱锺书先生《谈艺录》指出，白沙诗善于借鉴陈师道诗，并以多例为证，如《病疥》《用后山韵写怀》等，同时具体指出，白沙诗《谢惠壶》“春事无多花去眼，老形已具雪添鬓”本于后山《次韵春怀》“老形已具臂膝痛，春事无多樱笋来”；《寄林虚窗》“开眼也知真有益，后来岁月悔无多”本于后山《题明发高轩过图》“晚知书画真有益，却悔岁月来无多”等（《谈艺录》四二）。它们表明白沙对后山诗的熟悉与偏爱。钱氏所论，主要是白沙诗在语言、手法上对宋诗的取法与借鉴，从而使其作具宋诗之体貌特征。亦如饶宗颐先生所说，明代理学家陈白沙、王阳明其诗“乃承宋诗之余绪”（《陈白沙在明代诗史上之地位》，载《饶宗颐二十世纪学术文集》卷十二）。至于白沙的一些论道诗、悟道诗的浓厚理性色彩则更见宋人理学诗的影响，突显出“以议论为诗”的特点。

前人评白沙诗“虽宗《击壤》，源出柴桑”（朱彝尊《静志居诗话》），较有眼光。尽管陶诗和康节诗在传统的评价中分属诗歌史上两种不同的美学形态，但二者有共同点：它们都是隐士诗，都表现出诗人隐居林泉的生活状况，表现出他们在与时运、外物交会的关系中追求自在、超脱的心灵体验，在语言和表现手法上都有自然、平淡的特点。

白沙在诗歌创作中善于借鉴古人，尤善学陶诗和宋诗，转益多师，独具慧心，自成一体，给明代成、弘之际的诗坛带来独具一格的美学意味。有学者谈到自己的感受时说：“公甫诗不入法，文不入体，又皆不入题，而其妙处有超出于法与体及题之外者。余少学古，殊不相契；晚节始自会心。偶然读之，或倦而跃然以醒，不饮而陶然以醉，不自知其所以然也。”（王世贞《弇州山人续稿》，转自陈田《明诗纪事》乙签十二）王世贞的这种感受在白沙诗的众多读者中应该是颇具代表性的。

当然，今天在对白沙诗美学予以肯定的同时，也不能忽视其作为心学家诗人的不足，主要在表现以理（“道”）入诗，《白沙集》中部分论道诗（性气诗）就是这类作品。这一部分“以道为诗”的诗作由于理过其辞，导致语言枯燥、寡淡，缺乏足够的诗味意境和情趣，论道色彩过于浓厚，但正好符合白沙门人所称的“以诗为教”的立论，即“诗即先生之心法也，即先生之所以为教也”（陈炎宗《重刻诗教解序》，《陈献章集》附录）。必须指出的是，始于甘泉的诗教立论，从学术角度而言，固然强化了白沙作为明代心学宗主的地位（“先生之道因诗教而益彰”，出处同上），但确实也使他的诗作在后世遭遇一定的误读，进而影响人们对白沙诗歌作出客观、公正的美学评价。

第四章
诗歌与酒

在中国古代文学史上，酒和诗往往联系在一起。《诗经》提到酒的约三十篇，《楚辞》有椒浆、桂酒等与酒有关的名词，并有“众人皆醉我独醒”（《渔父》）这样的名句。至于两汉、魏晋、唐宋迄至明清的文人生活更是与酒密切相关，酒在辞赋、诗歌中得到大量反映。白沙倾慕的东晋诗人陶渊明在中古诗人中是最善饮的，他说自己“性嗜酒，家贫不能常得。亲旧知其如此，或置酒而招之；造饮辄尽，期在必醉”（《五柳先生传》）；又说“闲居寡欢，偶有名酒，无夕不饮”，“既醉之后，辄提数句自娱”（《〈饮酒〉并序》，《陶渊明集》）。陶渊明现存诗文一百四十二篇，说到酒的就有五十六篇（含《饮酒》二十首），约占作品总量的百分之四十，以至李白有“陶令日日醉，不知五柳春”（《戏赠郑溧阳》）的感叹。

翻检《白沙集》，令人产生同感。据笔者统计，白沙两千多首诗中，与酒有关的三分之一以上。以五律而言，三百一十二首中提到酒的约五十首，有时连篇皆酒，如《对鹤》两篇及以下两首都接连提到酒：

任病还亲酒，虽慵不废诗。

——《对鹤》其一

三杯下衫袖，拂拭旧龙唇。

——《对鹤》其二

离筵一杯酒，歌苦莫相忘。

——《题罗一峰，赠马龙道南巷》

柴门过午饭，村老对春醪。

——《饮陂头》

白沙诗云，“病里春秋六十更，酒杯无日不渊明”（《次韵顾通判夜泊江门见示》）；“往往诗囊随李贺，深深酒笺寄渊明”（《与世卿闲谈，兼呈李宪副》其七）；“篱下花堪把，先生有酒不。遥看白衣者，不复问江州”（《题渊明菊》）。可见，倾慕陶渊明人格的白沙，也被这位东晋先贤的酒德感染了。陶渊明饮酒、醉酒的目的是寻求超脱，远离世俗，“泛此忘忧物，远我遗世情”（《饮酒》）、“试酌百情远，重觞忽忘天”（《连雨独饮》）足以表明这点。所以陈寅恪在谈到这个问题时说：“（渊明）嗜酒非仅实录，如见于诗中饮酒、止酒、述酒及其关涉酒之文字，乃远承阮（籍）、刘（伶）之遗风，实一种与当时政权不合作态度之表示，其是自然非名教之意显然可知”（《陶渊明之思想与清谈之关系》，载《金明馆丛稿初编》）。这话告诉人们，陶渊明饮酒是与朝廷不合作的一种逃避方式；它具有越名教而任自然的意义，即以醉酒的方式表达对礼法、名教束缚的不满，对自然本性与人生理想的追求。

从他们二人的生活时代看，白沙所处的明代成、弘时期与陶渊明所处的充满危机的晋宋（刘宋）易代之世显然大不相同；从二人的经历看，白沙显然也没有过陶渊明那种“夏日长抱饥，寒夜无被眠”（《怨诗楚调示庞主簿邓治中》）的穷愁潦倒生活，但白沙的人生之途并非一帆风顺，也经历了种种挫折与打击。处于明代的承平之世，白沙曾一度热望出世，但他二十一岁、二十四岁两度入京会试均告落第；二十七岁赴江西从吴与弼学，收获不大，半年后回江门习静十载；三十九岁复游太学，名震京师。回乡两年后白沙第三次赴京参加会试居然又告失利，失意之下回家乡讲学。由于声誉日隆，在成化十八年（1482）五十五岁时，经两广总督朱英、广东左布政使彭韶交相推荐，白沙才被应召入京。在京期间，公卿士大夫日造其门数百，咸谓圣人复出，不料因吏部主管官员的阻挠与非难，令其“会试吏部，量材录用”，于是白沙在授翰林院检讨后，上书朝廷乞归奉母。临行前赋诗曰：“庙堂不坐周公旦，到处山林有鹿麋”（《读林和靖诗集序》，《编次陈白沙先生年谱》）。以上种种说明白沙的仕途颇多曲折；也表明他与陶渊明一样，有着不愿降心屈志、傲视权贵、蔑弃世俗的个性。正因为如此，酒在陶渊明与陈白沙诗中所反映的情调与特点，既有相同的一面，又有不同的一面：从前者看，饮酒忘情，超尘脱俗，追求旷然无累的精神境界是一致的。陶诗“挥兹一觞，陶然自乐”（《时运》）、“不觉知有我，安知物为贵。悠悠迷所留，酒中有深味”（《饮酒·故人赏我趣》）与白沙诗“一曲一杯花下醉”（《对菊》）、“狂心被酒如飞鹤，又逐红云上玉台”（《对酒》其一）的意趣甚为相近，它们都是因酒的迷醉而引发的一种超然、忘我的感受。从后者看，处于穷困的陶渊明诗中“以酒消忧”的色彩与内容远过白沙，陶渊明更多的是将酒作为解忧消愁之物，“酒能祛百虑”（《九日闲居》）、“酒云能消忧”（《形影神赠答诗》）足以说明这一点。逯钦立先生曾将陶诗涉及的忧虑概括为几个方面：忧虑虚度光阴，悲叹功名不成；忧虑儿子不肖；忧虑人生无常，及时行乐（《陶渊明集》附录《关于陶渊明》）。可见，对于长期为贫穷所困的陶渊明而言，酒主要是一种解忧剂。而这种情况在白沙诗中十分难见。这是因为白沙有着在籍翰林检讨的身份与课徒授业、常与地方官员往来的生活，他的隐居较陶渊明要优游自在，少衣食之累。白沙不同的另一点则是潜心于心学，力倡“自得”“自然”之说，以鸢飞鱼跃、天机活泼作为精神境界的极诣。

王瑶先生在谈到阮籍与嵇康饮酒时指出，“阮、嵇都是诗人，音乐家，又都笃信老庄，因之也都向往这一种由老庄哲学出发的自然的、艺术的和谐境界；同时他们也都努力创造和追求它”；“所以饮酒正是追求和享受这种境界的一种办法。可知他们都同时嗜酒耽音、笃信老庄，实在是因为他们有共同认识的必然理由。对于他们任真自然，饮酒实在是一种很好的寄托和表现的方法”（《文人与酒》，《中古文学史论集》）。然而，白沙较之魏晋诗人，更重主体精神的自由，对于回归自然、栖居林泉的白沙，他饮酒既是一种与宾朋聚会助兴的方式，也是一种寄托和陶醉。白沙的饮酒诗、咏酒诗是一种浓烈的主体意识与生命情调的表达或宣泄。

一、抒发逸兴浓情

白沙的咏酒诗往往抒发一种酒酣逸兴的浓情。这类诗白沙写得最多，也写得最好。深谙宇宙自然之道的白沙，以他哲学家的睿智和诗人的赤子之心，通过诗歌抒发一种适意畅神、逍遥豪放的生命真情：

放倒琼林半醉间，半留醒处著江山。

——《次韵张廷实东所寄兴见寄》七首其五

有钱不买重阳醉，篱下黄花也笑人。

——《对菊》十二首其九

论交一觞酒，惟我与子斟。
岂意千载下，复此闻韶音。

——《和郭主簿，寄庄定山》

在这些诗中，酒与山林、白云、秋菊、韶乐同为一种与诗人生命韵律相伴随的超尘脱俗之物。如《春日写怀》其二：

一觞复一曲，不觉夕阳残。
好景只我醉，春风人未闲。
青红今满路，风日未登山。
何如海中鸟，鼓翅蓬莱间。

诗中写诗人春日独酌畅饮，陶醉在嫣红翠绿的山野之中；迷醉中的白沙畅想自己像海鸟一样鼓翅飞向蓬莱仙山，进入一种逍遥的境界。

又如《木樨》其六：

白头无酒不成狂，典尽春衫醉一场。
只许木樨知此意，晚风更为尽情香。

这首诗可看成白沙与木樨的对话。白沙表示，他将以春衫沽酒，拼此一醉，希望木樨善解人意，以芳香一助酒兴。

诗人在酒酣之际，豪情满怀，甚至想到要将酒仙、诗仙李白邀来一道歌吟痛饮，“安得李太白，樽前同尔歌”（《张地曹寄林县博用韵答之》）；就连穷愁的诗圣杜甫在白沙诗中也因酒助兴而显得春风得意起来：

碧柳黄鹂三月画，江湖风雨万篇诗。
花前浊酒不得醉，驴背春风空自吹。

——《杜甫游春》

醉后的白沙甚至发出令人吃惊的奇思遐想：

元精为我酒，大块为我卮。

——《九日诸生携酒饮白沙醉中和答》

此意无人会，乾坤落酒缸。

——《题南窗壁》

野人不是伤春客，春在野人杯酒中。

——《春中杂兴》其二

他在诗中表示，要以天地间的精气为酒液，以大地为酒卮，与大化同乎一体。这种逸兴豪情正是白沙“无累于形骸”（《与太虚》）的心灵高峰体验。懂得白沙之心的李承箕说：

予观白沙诗多言饮酒……私谓必如白沙者，始可称能饮者也。盖其得趣于心之氤氲，以心之玄为酒之玄，举天地之元精，胥融液与醇醪之内，而以大块为卮，万物为肴，是非犹夫人之饮也。（《袁太玉先生书札跋语》，《大厓集》）

《大厓集》这段话以“玄酒”一词引申为文，加以发挥，意思是：白沙饮酒基于内心的诱发与冲动，他以心中独有的妙悟玄思倾入酒中，然后再将天地的元精与酒液融为一体；以大地为酒杯，万物为酒肴一饮而尽；故白沙之饮非常人之饮。《大厓集》中的这番话是对白沙诗句“元精为我酒，大块为我卮”含义的深刻解读，也是对白沙不同于常人的饮酒方式与酒后高峰体验的知人之论。

西方有“酒神精神说”。它滥觞于古希腊神话中的造酒之神狄奥尼索斯。“酒神精神”的实质是以酒为媒所表现出的一种迷狂与精神自由。尼采说，“酒神状态的迷狂，它对人生日常界线和规则的破坏，其间，包含着一种恍惚的成分，个人过去所经历的一切都淹没在其中了”；“在酒神神秘的欢呼下……通向存在之母，万物核心的道路敞开了”（《悲剧的诞生》）。借用这一说法，白沙的酒后迷狂，主要表现为一种对自然、永恒精神的追求，让自己生命的能量在以酒为酵母的激活下得到纵情释放，从而体验到与天地、宇宙一体的精神自由。

二、表达真挚友情

酒不仅是白沙的遣兴之物，也是他与友人交流感情、增添雅兴的助兴之物：“碧萝窗下一杯酒，犹胜良宵梦里逢”（《赠邓柏林，其人貌似伍光宇》）。白沙的酒诗表现出他与友人、弟子、乡邻真挚、浓厚的友情、乡情。

如与友人、弟子举觞论文，花下话别：

论文一觞酒，惟我与子斟。

——《和郭主簿，寄庄定山》

醉我一杯酒，为君歌远行。

——《江上别张叔亨》其二

岂无千日酒，花下与君同。

——《赠世卿别》其二

人好蓑亦好，月光水亦光。
水南有酒媪，酒熟唤我尝。

——《藤蓑》其二

溪南溪北荔枝垂，五月荷花欲卷旗。
忽有酒船邀半路，三杯不记主人谁。

——《次韵柳渡头答乡友》其二

在与朋友的酣畅痛饮中，白沙不仅获得醇醪的陶醉，也得到友情的陶醉，他在这种陶然共醉中体验到生命的自得：

今雨到门君又同，四人对饮夜炉红。
眼前莫道东溟远，我欲乘槎更向东。

——《次韵赠胡地曹》其二

白沙在围炉对饮时表示，他要像神话传说中的古人一样，借着酒意从南海之滨乘舟驶向遥远的东海，一逞心中自得的快意与豪情。这是多么的潇洒豪放！

三、激发诗兴

在古代文人的生活中，诗与酒往往联系在一起，酒助诗情，诗添酒兴。萧统说：“有疑陶渊明诗篇篇有酒，吾观其意不在酒，亦寄酒为迹也。”

（《陶渊明集序》）但陶渊明本人在诗中确实将酒抬到与生命同等的地位，声称："在世无所须，唯酒与长年"（《读山海经》之五）。并说自己"偶有名酒，无夕不饮，顾影独尽，忽焉忽醉。既醉之后，辄题数句自娱"（《饮酒》序）。他经常在诗中谈到饮酒赋诗的乐事：

春秋多佳日，登高赋新诗。
过门更相呼，有酒斟酌之。
…………

——《移居》其二

诗中写每当春秋佳日，他便与朋友相邀，登高吟咏，把盏共饮，尽诗酒之乐。他还在怀念友人的诗中抒发对饮酒赋诗乐趣的神往：

伊余怀人，欣德孜孜。
我有旨酒，与汝乐之。
乃陈好言，乃著新诗。
一日不见，如何不思？

——《答庞参军》

陶渊明之后，唐代诗坛有不少佳话流传。初唐诗人王绩"好饮酒，能尽五斗，自著《五斗先生传》"（辛文房《唐才子传》），以配陶渊明的《五柳先生传》；又撰《醉乡记》和西晋竹林七贤之一刘伶的《酒德颂》。王绩的侄孙，初唐四杰之一的王勃，传说他创作诗文之前，先磨墨数升，然后酣饮覆被而卧，及寐，援笔立就，不易一字，人谓之"腹稿"（同上）。盛唐诗人李白、贺知章等人在长安就有"饮中八仙"之称。李白在宫中任翰林时，唐玄宗命为《宫中行乐词》十首，李白扶醉填词，笔不停辍，文不加点，十篇立就。"八仙"中的诗人兼书法家贺知章"每醉必作文词，行草期间，时及于怪逸；使醒后复书，未必尔也"（陶宗仪《书史会要》）。可见对诗人和艺术家来说，酒是激发诗情和灵感的媒介。在白沙诗中，表现这种诗酒之乐的诗句俯拾即是：

蚬酒三钟一曲歌，江边水袖舞婆娑。

——《炒蚬忆世卿》其一

酒醒凉风发，诗成缺月斜。

——《盆栽池莲，至秋始花》

春色归诗妙，花枝爱酒豪。

——《暮雨客去》

山家愁酒少，造物爱诗工。

——《家兄携秉常看山，余病不能往》

醉中自唱《渔家傲》，击碎花边老瓦盆。

——《饮马氏园，赠童子马国馨》其二

弗洛伊德认为，艺术创作是艺术家在清醒状态下做梦，即白日梦。这种梦是对受抑制或压抑的欲望的一种满足。这一观点主要是强调潜意识在创作中的重要作用，它具有一定的科学性。人在清醒的时候，灵感并不一定出现，或者人们抓不到它；当艺术家处于昏朦状态的时候，它却突然出现，并表现得十分活跃。酒的迷醉状态与梦境近似，诗人往往在迷醉中潜意识被唤醒，激发创作的灵感，使风云月露尽收眼底，兴悲忧乐倾注笔端，从而出现笔走龙蛇的创作亢奋。故此“对酒当歌”才构成中国文人生活一种风流自得的方式。白沙诗中所说“有欢开酒禁，无力控诗狂”（《九日寄丁明府》），正揭示诗与酒在白沙生活中的重要位置以及二者的紧密联系。酒不仅帮助白沙迈向“自然”之道，同时也激发他的诗兴，帮助他品味充满诗意的人生。

四、菊与酒

陶诗中，菊多与酒连在一起。陶渊明在《九日闲居诗序》中写道：“秋菊盈园，而持醪靡由。空服九华，寄怀于言。”醪即酒；九华乃重九之花，即菊花。陶渊明常在重九之日饮菊花酒并赋诗，他以菊花比作德君子，用屈原《离骚》“夕餐秋菊之落英”寓高洁之志意。其《饮酒》其五：“结庐在人境，而无车马喧。问君何能尔，心远地自偏。采菊东篱下，悠然见南山。山气日夕佳，飞鸟相与还。此中有真意，欲辨已忘言。”这首诗借菊花、飞鸟、人物等构成的画面展现“一片化机，天真自具”（王士禛语）的冲淡自然之境，表达诗人悠然自得的心情。一如白沙《菊逸说》：“陶元亮似菊……菊，花之隐逸者也。”在白沙与酒有关的诗中，经常提到菊与陶渊明的意象：

…………

世人有眼不识真，爱菊还他晋时人。

一瓢酩酊庐山下，万乘之君不识人。

——《答惠菊》

霜前淡淡菊，瓢内深深酒。

今日陶渊明，庐山作重九。

——《九日》其一

…………

我思陶长官，庐山一杯酒。

世远道弥光，岁岁此重九。

——《题湛明泽九日诗后》

菊花正开时，严霜满中野。

从来少人知，谁是陶潜者?
碧玉岁将暮，端居酒堪把。
南山对面时，不取亦不舍。

——《寒菊》

上述与酒相关的诗中，白沙都提到了菊，酒神的自由精神与菊之隐逸高洁的品格都自然地联系在一起。它们既是陶渊明的人格符号，也是白沙心灵的表征。透过这些诗，白沙在赞扬陶渊明人格的同时，也表达自己的高洁襟怀。“世人有眼不识真，爱菊还他晋时人”这类诗句，既抨击世俗的社会风气，也颂扬陶渊明追求自然的真实个性。对真的追求是陶渊明人格美的内涵与灵魂。针对“真风告逝，大伪斯兴”（陶渊明《感士不遇赋》）的社会风气，陶渊明标榜“傲然自足，抱朴含真”（《劝农》）的人生态度，他的真是对一种本真、自然人性的珍惜、人格的维护和对世俗的鄙视，与世俗的矫饰、虚伪是迥然对立的，如庄子所言，“真者，所以受于天地，自然不可易也。故圣人法天贵真，不拘于俗”（《庄子·渔父》）。归隐的陶渊明深受后人景仰的原因就在于他坚守了这一可贵的禀性。萧统《陶渊明集序》说陶渊明“论怀抱则旷且真”，钟嵘《诗品》称赞陶渊明为“古今隐逸诗人之宗”均可谓知人之论。由此可见，白沙诗以菊比喻、赞扬陶渊明之人格正表露出他本人崇慕高洁脱俗的君子之德。可以说，无论是白沙写渊明爱菊，抑或是写渊明嗜酒，他的这类诗都含有明显的用意，那就是借这位东晋先贤的酒杯浇自己的块垒，让世人看到他们二人的心是相通的。就这样，白沙一手举着酒杯，一手拉着陶渊明走进世人的心中，引起世人深深的景仰和广泛的共鸣。

第五章
交游唱和

作为一位著名学者、教育家和诗人，白沙一生交游广泛，朋友、弟子众多，在往来应酬和讲学生涯中留下不少唱和诗作，它们构成白沙诗中的重要内容，为人们了解白沙与相关人物的活动、学术思想及诗歌创作等提供了生动、宝贵的资料。在这一章，笔者对与白沙关系重要的几个友人和学生交游唱和的情况做出介绍。

李东阳

李东阳（1447—1516），今湖南茶陵人，字宾之，号西涯，生于明正统十二年（1447年），卒于明正德十一年（1516年），谥文正。因茶陵时属长沙府，明人称他李茶陵或李长沙。李东阳天顺八年（1464年）举进士，成化元年（1465年）授翰林院编修，成化十九年（1483年）升任翰林院侍讲学士；弘治八年（1495年）以礼部右侍郎、侍读学士入直文渊阁，参预机务，柄国十八年，实际担任宰臣十五年。李东阳立朝的近半个世纪中，廉洁清正，奖掖后学，推挽才俊，声誉盛隆。由于他以宰臣的地位倡导诗文，门生故旧和文学之士追随倡和，奉以为宗，为茶陵诗派的代表人物。

作为文坛领袖人物，李东阳不满台阁体诗风，注重文坛风气的变革，以他为代表的茶陵诗派继承、发扬盛唐诗人比兴感事的传统，开启明代前七子宗唐的先河。胡应麟说，“成化以还，诗道旁落，唐人风致，几于尽隳。独李文正才具宏通，格律严整，高步一时，兴起李、何，厥功甚伟”（《诗薮》续编卷一），给予李东阳较高的评价。

陈、李交谊

白沙年长李东阳19岁，与其相识，最晚当在成化十九年（1483年），白沙集中唯一保留的书札《与西涯李学士》可资参考。该札称：

> 相别六七年……曩闻先生在丧且归，长沙无一知旧，自北京来者无可问其详，不敢奉状。……长沙无旧业，未必可归。当归何处也？近者白洲李宪副过寒舍乃至先府君茔于都下（葬于京城）。

这是白沙获悉李东阳父亲去世后表示慰唁的信。当时李东阳正在守丧期间，因长沙没有保留祖业，故将其父葬于北京。李东阳祖籍茶陵，但其父与本人都生长于北京。白沙了解这个情况，故从李士实（字白洲）处得知该事后，他表示理解。据法士善《文正公年谱》称，李父逝世于成化二十二年（1486年）十二月，时任翰林院学士的李东阳“以父丧去任”，守制三年。江门与北京相隔数千里，白沙得知这一消息已是次年。据此上推六七年，当为成化十八年（1482年）左右。成化十八年九月，白沙被荐应召从江门赴京，第二年正月抵京。据阮榕龄《编次陈白沙先生年谱》成化十九年载：“先生初聘到京时，公卿大夫日造其门数百，咸谓圣人复出。”八月二十六日，白沙因不满吏部尚书尹旻要求白沙接受吏部考试后再作安排，具本陈情乞归奉母。九月授翰林院检讨上谢恩疏后启程南归。白沙此次入京停留大半年时间，引起士林轰动，且受职翰林院。应该就是在此期间，白沙与在翰林院任职的李东阳结识并有了一定交往。白沙离京时李东阳赋诗赠别，称“只有报恩心未老，更无辞表意全真”（参见《编次陈白沙先生年谱》成化十九年），对白沙谢恩还山表示理解。白沙返归江门后，从此再未入京，函中说“相别六七年”，只是大致估计而已。此后，两人虽未再见面，但彼此通过书信、诗歌表达怀念，他们的集子中都表达出互相思念之情：

江空秋月清，月出秋江明。
水月自相得，乾坤谁与争？
作亭赵员外，属记李先生。
何时理烟艇？载酒下南京。

——白沙《读西涯李学士撰赵员外沧江别墅记》

万里长安看我病，夜阑两马出携灯。
如今只有西涯在，宿草江边露满茔。

——白沙《有怀故友张兼素》其三

前诗为白沙读李东阳《沧江别墅记》感念怀人之作，白沙读其文而思其人，“何时理烟艇？载酒下南京”，思念之情溢于言表。东阳原记已佚，《怀麓堂集》不存。后诗为怀念故人张兼素而作。张为江西吉水人，历知涪州、宿州。成化十九年白沙应召入京时，曾同饮于庆寿寺，白沙有诗记之；白沙卧病时，张兼素与李东阳曾在秋夜一道去看望。如今兼素已逝，两人中唯东阳在，白沙对此感怆不已。

陈、李唱和

李东阳与白沙唱和及有关的诗现存十二首。《怀麓堂集》收五古《藤蓑，次陈公甫韵》二首、七绝《送张阃幕，兼借陈石斋诗稿》二首、七绝《寿陈石斋母节妇竹枝七首》。与白沙集所收相合。下面对其中部分诗作略作介绍。

李东阳《藤蓑，次陈公甫韵》二首，所次为白沙《藤蓑》第二、第三首。李诗曰：

采藤复采藤，日夕费斤斧。
制为身上蓑，人古衣亦古。
借问制者谁？白沙乃蓑祖。
冉冉绿蓑衣，萧萧白沙渚。
披蓑向江水，顾影还独语。

爱此勿轻捐，春江正多雨。

——其一

披蓑登前冈，欲往藤被岭。
新梢拂旧蓑，樛结不复整。
自笑林下阴，不如波中影。

——其二

白沙原诗为：

一蓑费几藤，南冈砺朝斧。
交加落翠蔓，制作类上古。
吾闻大泽滨，羊裘动世祖。
何如六尺蓑，灭迹芦花渚。
举俗无与同，天随梦中语。
今夜不须归，前溪正风雨。

——其二

挽蓑欲何为？新月出东岭。
独速舞不休，凌乱何由整。
旷哉漆园吏，自形还自影。

——其三

白沙前一首诗写亲自上山采藤制蓑，其蓑类同上古；认为严子陵当年身着羊裘垂钓于富春江畔还不如自己身披六尺藤蓑，栖隐于芦花渚。诗中以晚唐诗人陆龟蒙（号天随子）自比，抒发清旷脱俗的情怀。后一首诗写自己身披藤蓑在月下对影起舞，自得其乐，表达对庄周放浪形骸、独往独来人生态度的向往。李东阳次韵诗以轻松风趣的笔调表达对白沙隐居生活的欣赏，“借问制者谁？白沙乃蓑祖。冉冉绿蓑衣，萧萧白沙渚”，“自笑林下阴，不如波中影”等诗句，以动情的笔触展现故人野鹤闲云般悠然自得的风致。相传白沙对这两首次韵之作十分满意，特意刊于家中墙壁上，观赏吟咏，并写了两首七绝寄给远在京城的李东阳，抒发对故人的思念：

西涯一曲我藤蓑，对此相思可奈何！
今日玉台应说我，海门何处扣弦歌？

春雨江门着旧蓑，钓船相近问如何？
白鸥分定闲眠界，犹唱西涯学士歌。

——《谢壁间李学士和予藤蓑诗偶成奉寄》

李东阳七绝《送张阃幕，兼借陈石斋诗稿》二首称赞白沙诗有“空山野食无烟火，灵籁无声自管弦”的山林味，对其清新洒脱的风致表达由衷的欣赏、向往：

病来三日废吟诗，石老诗清想见之。
为报故人张幕府，中郎书秘有人知。

——其一

空山野食无烟火，灵籁无声自管弦。
我亦从今断荤饮，为公重和石斋篇。

——其二

李东阳《寿陈石斋母节妇竹枝七首》当于成化二十年（1484年），为贺陈母林太夫人八十寿辰所作。其一云：

北堂有草解忘忧，八十为春八十秋。
若与庄椿同寿数，八千从此是从头。

贺诗应“八千从此是从头”意，表露晚辈对林太夫人的衷心祝祷。其余诗作皆表达此意。

李东阳论诗重声韵，他认为诗与文二者之别主要在于诗重声韵。他说：

> 诗之体与文异……盖其所谓有异于文者，以其有声律讽咏，能使人反复讽咏，以畅达情思，感发志气。（《沧州诗集序》，《怀麓堂集》）

> 夫文者言之成章，而诗又其成声音也……若歌吟咏叹，流通动荡之用则存乎声，而高下长短之节，亦截乎不可乱。（《春雨堂诗稿序》，出处同上）

李东阳所主张之声韵是“心领神会，自有所得”的自然之声。他认为“得于心而发之乎声，则虽千变万化，如珠之走盘，自不越乎法度之外矣”（《麓堂诗话》）。故他在唐宋诗二者之间，倾向于唐诗，他指出，“唐人不言诗法，诗法多出宋，而宋人于诗多无得。所谓法者，不过一字一句，对偶雕琢之工，而天真兴致，则未可与道”（出处同上）。正是基于这一视角，李东阳推许白沙诗的声韵。对此《麓堂诗话》有两处谈到：一处说“陈公甫论诗专取声，最得要领”；另一处则赞白沙《吊厓》一诗声韵好，说“陈白沙诗极有声韵。《厓山大忠祠》曰，‘天王舟楫浮南海，大将旌旗仆北风。义重君臣终死节，时来胡虏亦成功。身为左衽皆刘豫，志复中原有谢公。人众胜天非一日，西湖云掩岳王宫’，和者皆不及”。白沙此诗表达对坚持抗元的南宋将领的由衷敬仰，对投降派及败类的鄙视与对人民力量的坚定信心。全诗慷慨激昂，声韵跌宕，忠愤之情溢于言表。李东阳苍凉悲壮的《厓山大忠祠》，就是受白沙《吊厓》影响创作的怀古组诗：

> 国亡不废君臣义，莫道祥兴是靖康。
> 奔走耻随燕道路，死生惟着宋冠裳。
> 天南星斗空沦落，水底鱼龙欲奋扬。

此恨到今犹不及，厓山东下海茫茫。

——其一

北风吹浪覆龙舟，溺尽江南二百州。
东海未填精卫死，西川无复杜鹃愁。
君臣宠辱三朝共，运数兴亡万古仇。
若遣素王生此后，也须重纪宋春秋。

——其三

这组诗以连章的形式、充沛的气势，抨击南宋统治集团的投降派，对临安沦陷后坚持抗战，最后在厓山海战中壮烈殉难的南宋君臣进行了热烈的赞扬。感情沉痛，词气恢宏，声韵激越，与白沙《吊厓》格调相近，读之令人掩涕。

西涯与白沙互相唱和，并切磋诗艺，他在欣赏白沙诗的同时，也率直地指出其中的瑕疵。如对《庚子岁九月中，于西田获早稻》一诗，西涯指出第四句“无非分所安”不妥，且白沙对此句也曾不满意（“尝自疑之”），但未及时作出修改；经西涯指出后，白沙叹服“西涯之不苟”（明正德林齐本、嘉靖肖世炎本《白沙集》在此诗后都有注释说明此事）。

沈德潜谈到明代前期诗坛时指出，“永乐以还，体崇台阁”（《明诗别裁》序），“茶陵起而振之，如老鹤一鸣，喧啾俱废”（《明诗别裁》卷三）。但明诗风气的廓清，并非李东阳只手一挥，立马可就。因为一种旧的文学积习的革除和一代新的文学风气的形成，除文坛领袖的提倡之外，还有赖于多种因素，特别是有志于变革文坛风气的同道持续不断的努力。身处庙堂的李东阳，面对台阁体余风的影响，必须与朝野诗人深入接触，并借鉴历史经验，反复探索，才能找到除弊的药方。从西涯与白沙的交谊及他对白沙诗的欣赏来看，他有意从山林诗中汲取养分，以作为廓清台阁体余风的借鉴。不可否认，白沙与李东阳彼此的联系与吸引，对于促进明代前期诗风的转变具有积极的作用。

庄定山

庄昶（1436—1499），字孔旸，号定山，南京应天府江浦人。自幼豪迈不群，嗜古博学，成化二年（1466年）举进士，改庶吉士，授翰林院检讨。

庄昶节操清正，勇于直谏。成化三年（1467年）十二月，宪宗将以元夕张灯，命词臣撰诗词进奉。年轻气盛的庄昶与翰林院编修章懋、检讨黄正昭上疏，力谏不可。此事触怒宪宗，以忤旨罪名将三人廷杖阙下后分别贬官。庄昶贬桂阳判官，改南京行人司副。后庄昶连丁父母忧，在家乡守丧期满后无心复出，栖居江浦定山二十余年。弘治八年（1495年），迁吏部郎中，两年后京察，以老疾罢之，年六十三卒。天启初，追谥文节。有《定山集》收入《四库全书》。定山善诗，《四库全书总目提要》称其诗效《击壤集》体，亦有唐诗僧寒山子诗意；李东阳称其“未第时，已有诗名，苦思精炼”，佳句“往往为人传诵”，“晚年益豪俊”（《麓堂诗话》，《历代诗话续编》下）。

陈庄交游、唱和

白沙与定山订交于成化二年。据阮榕龄《编次陈白沙先生年谱》，当年白沙复游太学，祭酒邢让试白沙和宋儒杨龟山《此日不再得》一诗，邢让大惊曰：“龟山不如也。”次日邢让扬言于朝，以为白沙乃真儒复出。白沙于是在京城名声大噪，朝中名士闻言纷纷到白沙居住的白马庵拜访，其中就包括庄昶、章懋这批年轻气盛、满腹才情的翰林，当时他们作为及第进士刚到翰林院任职不久。次年春，白沙离京南归。也就是在同年底，庄昶、章懋、黄正昭三人因上疏谏元夕张灯获罪。

白沙回乡后，曾两度入京。一次是成化五年（1469年）入京会试。但此次白沙会试落第，朝士多为惋惜，乃至京师有“会元未必如刘戬，及第何人似白沙”的谣谚（刘戬为成化乙未科进士第二名）。第二次即成化十八年（1482年）应召入京。次年正月，舟经南京，白沙专程赴江浦看望栖居家乡的故人庄定山。二人相见，十分高兴，白沙赋诗曰：

南海五千里，不来庄定山。
何由到江北，此会非人间。
短短目相属，悠悠心自闲。
莫言但是梦，好梦亦云悭。

——《秋梦》其二

白沙诗言，两人相别十余年，此次舟车数千里，在江北与故人相逢，犹如人间难得的美梦。

定山亦喜不自胜，赋诗作答，称“果然此会不人间”：盛情邀请白沙就将此处当作武夷山，徜徉优游，畅叙友情。

湖西不了曹溪约，江北扁舟未肯闲。
多谢先生真好梦，果然此会不人间。
紫金丹好神仙过，太极丸空日月还。
但得晦翁同此老，定山须作武夷山。

——《白沙先生至定山和韵》，《定山集》

白沙在江浦做客期间，友人娄克让以及定山故旧多慕名前来拜访，甚为欢洽。

白沙在江浦逗留一个月后继续北上，定山亲送到南京龙江关才分别。成化十九年（1483年）白沙自京南归，从此与定山再未见面，但对江浦这次聚会甚为难忘。多年后，白沙在诗中写道：

……
少年不结友，岁暮怀同襟。
同襟问为谁，定山携一琴。
悠然一鼓之，不辨古与今。
在昔经江东，多士予所钦。

论交一觞酒，惟我与子斟。
岂意千载下，复此闻韶音。
…………
茫茫宇宙内，与子契其深。

——《和郭主簿，寄庄定山》

“茫茫宇宙内，与子契其深”，说明在白沙心中，与定山交谊何其深厚！约在弘治三年（1490年），定山曾南下游江门，与白沙有过一次会面，此事在《游衡山记》一文中有记载，云：“今庚申十一月余还自白沙”［按：庚申为弘治十三年（1500年），定山卒于前一年，庚申当为庚戌（弘治三年）之误］。白沙集中有诗可与此事略相印证：

定山归后再清康，夜半呼儿喜欲狂。
梦遣长须来问病，故应早岁见羹墙。
文靖一生随老笔，太虚四大作禅床。
南北地殊生异世，先生何处问行藏。

——《梦庄定山遣使来问，梦中以诗答云》

这是一首记梦诗。诗中说，定山自到访江门后，自已衰病的身体一度有所恢复，精神也好了不少，感谢他遣使相问候；并抒发了白沙对定山别后（“定山归后”）行藏的牵挂，表达深切的思念之情。

此后，两人经常通过诗歌抒发彼此深长的思念：

浦口柴扉几日开，江门烟艇暮秋回。
交情亦似长江水，南北年年送往来。

——白沙《何新宇赴南京，来白沙告别云：此行且复见定山，时秋已尽矣，以诗送之》其二

影响驱驰等是劳，风流千古几人豪？

但闻司马衣裳古，更见伊川帽桶高。
岩径无风松子落，翠屏终日白云交。
定山样子从来别，诗变尧夫酒变陶。

——白沙《寄定山》

诗中将二人的友情比喻为悠悠不尽的长江水；将定山比喻为神态高古的陶渊明和邵雍，表现出对定山高逸襟怀、林泉风致与人生格调的欣赏。

定山的诗作则更多地流露出对年长自己八岁的挚友衷心的敬慕：

花下一杯还一歌，梅云细路隐垂萝。
春来红紫花无数，此外东西路更多。
影子青天从放诞，头颅明镜笑蹉跎。
悠扬乘兴前溪曲，戏拨流澌漱碧波。

——定山《石翁见寄次韵》其一

飞云一卷递中来，上有封题是石斋。
喜把炷香焚展读，了无一字出安排。
为经为训真谁识，非谢非陶亦浪猜。
何处想公堪此句，绝无烟火住蓬莱。

——《读白沙先生诗集》

诗中想象远隔尘嚣的白沙栖居圭峰山下，忘情于自然山水之中，过着清逸自得的隐士生活；对“了无一字出安排”、无人间烟火气的白沙诗表示由衷的欣赏与钦敬。

在三十余年的岁月中，白沙与定山长期保持着彼此的信任和深挚的友情。晚年定山回忆起在京师交往密切、对自己影响较大的十位益友，将白沙列为首位。说：“予在京师时，见天下之贤者多矣，得与十人者交焉，如陈白沙之大，罗一峰之廓，陈直夫之直，李宾之之敬……林缉熙之雅，皆予所不敢望而及者，予皆取以为友。”（《送陈直夫先生序》，《定山集》）此十人中，林缉熙为白沙弟子林光。可见定山的谦虚自抑与对白沙节操、学问的真诚佩服。所云“白沙之大”，是指白沙心学包罗广大的气象。

弘治八年（1495年）定山以行人司副复出，不久迁南京吏部验封司郎中。定山八月到任，然十二月中风。弘治九年乞归，“部臣不为奏”。弘治十年（1497年）京察，尚书倪岳以定山老疾罢之（《明史·庄昶传》）。获悉定山致仕的消息，白沙赋诗感怀：

也曾收拾定山书，三月天曹谢事初。
见说定山长在病，当时不出意何如。

——《得廷实报，定山谢事归，忆东白、仲昭诸先生有作》其一

白沙表示，定山既然常年在江浦家中养病，当时完全可以不强己所难，带病复出。

同年，白沙弟子林光补严州（今属浙江）教授，赴任前白沙特意嘱林光代向定山问候，曰：“某七十病翁，理不久生，安知今日之言非永诀耶？定山问我，亦以是告之。”（《编次陈白沙先生年谱》弘治十年）大抵也就是这个时候，重病中的定山写信给白沙门人范规，请他北上为己疗疾。范规家贫无资，白沙亲为他准备行缠服食，安排前往江浦为定山疗疾。这是处于风烛残年的白沙对挚友所尽的最后一份情意。两年后（弘治十二年九月），定山终因病情转重，不治去世。又过两年，白沙去世。活跃于明代成、弘年间学界与诗坛的两颗文星，先后陨落。

关于“陈庄体”

从学术而言，陈白沙与庄定山皆属心学一派，《四库全书总目提要》指出，陈献章、庄昶等人皆讲主静之学，开姚江（王阳明）之先。湛若水也说：“（定山）潇然洒落，望之知为有德之人也。今观（定山）先生及诸公之言，即（定山）先生之学宜与白沙先生同矣。”（《定山庄先生墓碑铭》，《泉翁大全集》卷二十三）

黄宗羲评定山学术时说：“（定山）先生以无言自得为宗，受用于浴沂

之趣，山峙川流之妙，鸢飞鱼跃之机，略见源头，打成一片，而于所谓文理密察者，竟不加功。”认为定山虽趋慕白沙之学，但“功未入细”。又评其诗说：“先生形容道理，多见之诗，白沙所谓‘百炼不如庄定山’是也。唐之白乐天喜谈禅，其见之诗者，以禅言禅，无不可厌。先生之谈道，多在风云月露，傍花随柳之间，而意象跃如，加于乐天一等。”（《郎中庄定山先生昶》，《明儒学案》卷四十五）

从诗歌创作看，定山、白沙同属成、弘之际的山林诗人一系。二人性甘淡泊，不恋禄位。他们的生活经历相近，修养气质相近，诗作都具浓厚的在野山林气息，以“陈庄体”并称。白沙对定山其人其诗均欣赏，钱谦益说，“孟旸刻意为诗，酷似唐人，白沙推之，有‘百炼不如庄定山’之句”（《列朝诗集小传》丙集）。杜荫堂所辑《明人诗品》称：“成化间，陈白沙与庄定山齐称，号‘陈庄体’。”二人诗风相近，后人评价亦在伯仲之间，如：王船山说，“此十年中，别有《柳岸吟》一卷，欲遇一峰、白沙、定山于流连骀宕中”（《姜斋六十自定稿自序》，《王船山诗文集》上），他将白沙、定山与罗一峰抒发性情的诗视为一路，表示要加以效法。

一般说来，白沙、定山诗都重“自然”“自得”之道的追求，重“性情”的抒发。定山诗数量虽远较白沙少，加之部分作品由于杂性命之言，不及白沙诗明快，但不乏脍炙人口之作，有些作品凝真情于笔端，颇为感人：

> 天边闻一雁，杳杳向南徂。
> 今夜西风冷，他乡小弟孤。
> 五人千里去，九日一书无。
> 欲作千行泪，凭谁寄客途。

——《忆舍弟》

这样的五律确有一种浑金璞玉般的风神韵味，沈德潜评其“一气挥洒，绝无对偶之迹”（《明诗别裁》卷四），一些五言、七言也显得圆熟、清空，颇得中晚唐山水诗情趣：

秋来乘艇子，出浦更悠然。
鸟白江初阔，天空月正圆。

——《江游》

绿阴撑入傍湖州，水作清深树作幽。
是画不知还是寺，晚峰斜日更登楼。

——《游平湖南寺》

明代学者杨慎说："定山早有诗名，诗集刻于生前"，"晚年诗入细，有可并唐人者，古诗如《题竹》，七言如《题玉川画》，五言律如'野暝微孤树，江清著数鸥。与君真自厚，不是两相留'，七言律如《游琅邪寺》'偶上蓬莱第一重，道人今夜宿芙蓉。尘埋下界三千丈，月在西岩七十峰'，又'秋灯小榻留孤艇，疏雨寒城打二更'，'北海风回帆复饱，长河霜冷岸痕高'……又'招隐谁甘同寂寞，著书不独为穷愁'，《木昌道中》云'行客自知无岁暮，飞鸿不记有家归'，《寄邓五羊》云'后时自许甘丘壑，前席将无问鬼神''浮世虚名非得已，出山小草却悲人''别时笑语风吹断，会处迷离梦写真'，此数首若隐其姓名以示人，观者绝不谓定山作也。"（杨慎《升庵诗话》卷九）沈德潜在《明诗别裁》中也有类似评价。种种情况表明，作为"陈庄体"的重要诗人，庄定山的诗表现出与台阁体为代表的当时流行诗风的鲜明对立，有着较高的艺术造诣和不容轻视的美学价值。

罗一峰

罗伦（1431—1478），字彝正，学者称一峰先生，江西永丰（今吉水）人。成化二年（1466年）会试状元，授翰林院编修。同年，因上疏劾大学士李贤，宪宗不悦，贬泉州市舶提举；第二年改官南京翰林院。两年后引疾辞职，隐居家乡金牛山著书讲学，四十八岁去世。有《一峰文集》收入《四库全书》。嘉靖十六年（1537年）赠左谕德，谥文毅。《明史·罗伦传》称："伦为人刚正，严于律己，义所在，毅然必为。"

罗一峰学术、文学均有建树。学术专守宋学（理学），黄宗羲说他“（一峰）先生守宋人之途辙，非白沙之学也，而皭然尘垢之外。所见专而所守固耳”（《明儒学案·文毅罗一峰先生》）。诗歌风格淳雅自然，与白沙相近。王船山《姜斋六十自定稿序》云：“此十年中别有《柳岸吟》（按：船山隐居衡阳湘西草堂自编的咏物感怀诗集），欲遇一峰、白沙、定山于流连骀宕中。”（《王船山诗文集》上册）《四库全书总目提要》对其诗文评价亦不低，称“其文刚毅之气形于楮墨，诗亦磊落不凡”。

白沙、一峰订交于成化二年（1466年）。这年白沙入京，游于太学，白沙以和杨龟山《此日不再得》一诗，名震京师。当时一峰与同僚慕名前往白沙住地拜访，两人一见如故，引为同道。在这之后，白沙与一峰一直保持真挚的友谊。就在这次见面后不久，一峰贬泉州，后改官南京。成化五年（1469年）白沙入京会试再度落第。三月，偕林光一道南归。五月抵南京会见一峰。临别前，一峰作《送陈公甫先生序》，对白沙道德学问给予很高的评价：“白沙先生处南海廿余年矣。观天人之际，穷圣贤之蕴，充道以富，尊德以贵天下之物”，“先生不欲富贵而乐贫贱……可大者，独先生哉！”（《一峰文集》）

白沙回江门后，一意沉潜学术；不久一峰也引疾回乡。虽然一个在岭南，一个在江右，山水迢递，但彼此惺惺相惜，经常通过书信或诗歌表达思念。

台城一挥袂，忽忽星周五。
路永消息断，年深别离苦。
思君发为白，始白数茎许。
今晨对书尺，白者不可数。
先生天下士，讵肯顾衡宇？
怅望曹溪约，独与光也语。

——《代简答罗一峰殿元》

这首五古写于成化十年（1474年），以诗代简，抒发了南京别后五年来的思念，以及收到一峰来信后难以抑制的激动。诗中赞一峰为“天下士”，表达白沙对一峰的钦敬。诗末表示，由于不能践行与一峰同游曹溪、南华寺之约，只能将这种怅惘向林光倾诉。

就在这一年，白沙遣门人陈庸、容珽、易元赴永丰，请一峰为兴建中的大忠祠撰写《大忠祠记》，临行前白沙赋诗：

夜发白沙口，席影江门月。
洋洋一峰伦，望望何时接。
男儿亦何事，料理经事业。
千载曲江祠，中间可停楫。

——《夏赠陈秉常、容彦昭、易德元使永丰谒罗一峰》

诗中“洋洋一峰伦，望望何时接”一联，流露出白沙对故人罗一峰的企慕、仰望之情。三人抵永丰后，一峰对从江门来的白沙弟子礼遇有加，亲带他们游永丰泷冈等处名胜，临别时作《送三峰归南海序》（一作《南海三峰记》）以赠。文中以南海三峰比三人，又以两峰比林光、何廷矩——这五人都是白沙弟子；再以南海之昆仑比白沙，对白沙之学在岭南独秀的地位表达由衷的赞叹（“五峰脉脊皆自昆仑，昆仑在白沙”）。白沙接读陈庸等人带回的一峰所作《大忠祠记》十分感动，称赞文笔“皎皎烈烈”“可叹可赏”（《与罗一峰》一）。成化十三年（1477年），一峰手书《大忠祠记》勒石立碑于祠前。

在这之后不久，一峰并有诗和白沙前诗：

君年四十八，我年四十五。
百年几会面，念此长恨苦。
金台首相见，各委霞外许。
拥怀素心人，动辄屈指数。
贲然三子来，欢声撼茅宇。
泷滨是曹溪，他雨对床语。

——《和陈白沙二首》其二

诗中饱含了一峰自京城订交以来对白沙的倾心向往，他对白沙遣陈庸等三弟子前来永丰深感欣慰，表示希望能与白沙在泷滨相聚，对床畅叙南京别后的思念。

同年，病中的一峰遣其弟养明来江门看望并问学于白沙，白沙与其连日交谈，不知疲倦；养明每日记录白沙所言，“录稿以归”。养明北归时，白沙赠《送罗养明还江右序》，并赋七律《送罗养明还江右》二首，诗中说，“乾坤自古悲难合，伯仲而今契亦深”，表达出对一峰、养明难忘的深情。就在第二年，长年卧病的罗一峰在永丰家乡去世。

白沙对罗伦的离世十分悲痛，他在致友人的信中说，“一峰死，仆哭之恸，以为自今而后不复有如一峰者”（《复赵提学佥宪》其一），并挥泪写下《罗一峰挽词》：

今我何敢私一峰，百年公论在儿童。
要知此老如君实，更恐前身是孔融。
青天白日人作古，五典三纲疏一通。
天下何尝乏知己，我言刚与定山同。

——其一

诗中以罗伦比于学识宏通的司马光与幼有异禀的孔融，表达白沙对这个曾夺得金殿状元的挚友的过人才智与渊博学识的钦敬，和对他不向权贵折腰的刚直品格的欣赏。

在后来的二十余年中，白沙经常怀念这个才华卓异、刚直不阿的故人，这种哀思和缅怀通过一首首催人泪下的诗作抒发出来：

丘垅何处草离离，千里湖西梦觉时。
落日小池桥上路，催人下马读残碑。

——《南雄读罗一峰记书院文》

穆穆熙熙在眼中，君家卷里忽相逢。

苍烟绿树湖西路，何处金牛吊一峰！

——《题一峰遗墨后》

透过这些感人的诗作，人们看到白沙对友情的珍视，更看到他对一峰正人君子品格的欣赏。

彭 韶

彭韶（1430—1495），字凤仪，谥惠安，福建莆田人。天顺元年（1457年）进士，授刑部主事，历官员外郎、郎中、四川按察使、广东布政使。在广东任职期间，因太监梁芳之弟、锦衣镇抚梁海以进贡为名到广东雷州、廉州一带采集禽鸟、花木，官民不堪侵扰，彭韶就此事连续上疏，言辞峻切，语涉梁芳；梁芳构陷于宪宗，彭韶调为贵州左布政使，后擢为右副都御史、应天巡抚。孝宗即位，彭韶经新朝耆旧举荐，起用为刑部侍郎，后升为刑部尚书。弘治六年（1493年）致仕，弘治八年（1495年）卒。谥惠安，赠太子少保。有《惠安集》收入《四库全书》。《四库全书总目提要》评其文曰："韶正色立朝，岿然耆旧。其文虽沿台阁之体，而醇深雅正，具有根底，不同于神瘠而貌腴。"《兰陔诗话》评其诗称："惠安诗风骨峻整，气味醇厚。"（陈田《明诗纪事》）白沙与彭韶订交始于韶任广东布政使期间。惠安于成化十四年（1478年）受任此职，当时白沙已有很高的声望，四方学者前来从游问学者络绎不绝。出于对白沙气节与学术的钦慕，惠安于成化十六年（1480年）缄书，遣下属林某专程赴江门问候白沙。惠安以白沙为天下大贤，建议他出山为朝廷效力。白沙复信对出山之事婉言谢绝，表示"必不以天下之望负天下之人"（《复彭方伯》）。并作五律《闻方伯彭公上荐剡》纪其事，并谢惠安：

当时尊孔孟，用世必诗书。
夫我何为者，先生非过欤？
长歌扶晚醉，短发向秋疏。

坐惜篱前水，垂竿试钓鱼。

——其一

骨相合长贫，岩栖累十春。
忽闻邦伯疏，见笑北山神。
伎俩只余子，行藏独老亲。
古来称冰鉴，谁是鉴中人？

——其二

白沙诗中说自己并非饱读诗书的孔孟之士，只是一个垂钓水泽、栖息林泉、别无长技的隐士而已，惠安荐之于朝廷，只能使山神见笑。冰鉴指明澈如冰之镜，“古来称冰鉴，谁是鉴中人？”系白沙借用唐代席豫“妍媸冰镜里，从此愧非才”（《奉和敕赐公主镜》）句意，谓本人面对冰镜，丑妍自知。白沙并作五绝《代简答方伯彭公》：

大贤望于人，往往非独守。
难将一人意，满足天下口。

——其二

诗中说，时贤往往期待在野之人不抱独守之志，应有积极用世之心，但自己深感力不能支，难以一人之力，应对天下嚣嚣之口。该诗与前《复彭方伯》书“必不以天下之望负天下之人”为同一个意思。

但一心为国荐才的惠安不顾白沙一再婉辞，联合两广总督朱英一道说服白沙出山，并于次年正式上疏朝廷。宪宗准之，敕吏部征辟白沙。书至，惠安作《送陈公甫先生诗序》为白沙送行。序中说：“新会陈公甫先生隐学三十年余矣，巡抚大臣贤之，荐于朝，下所司……此斯文正气之一机，兹行其必有合哉！”惠安赠诗曰：

大道本无外，此学奚支离？

人己彼此间，本末一贯之。
是以古人心，包遍无遐遗。
卷舒初不滞，动止在随时。
白沙陈夫子，抱道真绝奇。
林间三十载，于学无不窥。
行周才亦足，知崇礼愈卑。
珠玉虽固闷，山水自含辉。
声名满四海，荐牍遂交驰。
一朝征书至，八十慈颜嬉。
有司劝就道，束书敢迟迟？
积诚动天听，纳牖契神机。
治化淳以洽，转移良在兹。

——《四库全书·惠安集》

诗中对白沙栖居圭峰山下三十余载，成就体悟“大道”的心学和大儒的品格、风范深表感佩（“大道本无外，此学奚支离？人己彼此间，本末一贯之。是以古人心，包遍无遐遗”；“林间三十载，于学无不窥”）；将白沙誉为埋于深山，却使山水生辉的珠玉（“珠玉虽固闷，山水自含辉”）；并表示，他对白沙此次应召入京寄予很大的希望，甚至认为是明代政局、社会风气转变的契机（“治化淳以洽，转移良在兹”）。全诗铺排而下，格调古雅，期望殷殷，其“风骨峻整，气味醇厚”的诗风可见一斑。

不久，惠安即因梁海事，调任贵州。白沙闻讯，赠言曰：

孟子云“我善养吾浩然之气。”山林朝市一也，死生常变一也，富贵贫贱、夷狄患难一也，而无以动其心，是名曰‘自得’。自得者，不累于外，不累于耳目，不累于一切，鱼跃鸢飞，其机在我。知此者谓之善学，不知此者虽学无益也。（《惠安集》附录）

白沙这篇临别赠言既是对惠安因遭构陷远调贵州的慰勉，也是自己赴京前的表白，它对了解陈、彭二人的交游和白沙思想的发展具有重要的价值，备受学界重视。

但白沙此次进京并未出现惠安所期待的结果，因吏部主官作梗，白沙于成化十九年（1483年）授翰林检讨南归；而惠安已于前一年远调贵州。弘治二年（1489年），惠安召为刑部侍郎，与刑部尚书何乔新佐吏部尚书、新朝股肱大臣王恕“甄人才，核功实”，使朝廷气象一新，三人“望著朝野”。弘治四年（1491年）惠安升任刑部尚书，为朝廷负责司法的最高官员。因被贵戚、近臣所嫉，连续上疏请求致仕，弘治六年（1493年）得准。白沙获悉这一消息，赋诗二首：

今代为官到六卿，闽中此老最光荣。
面前路阔身须退，阙下人嗟代有名。
晚秋还家新酿熟，溪锄试手药亩生。
相看不厌壶山好，笑拂松根坐月明。

——《次韵顾别驾奉寄彭司寇》其一

二疏谁参汉大夫，都门今卖《送归图》。
岂无经济酬当宁，已道头颅非故吾。
自古功名关宠辱，几人廊庙不江湖。
木兰之水清无恙，以配先生不可乎？

——其二

诗中称赞惠安是闽人的光荣，致仕之后回归家乡，可安享淳朴平静的乡村生活，饱览壶山风月；白沙高度评价惠安引以为荣的仕途与经世之才，对他清操自守、功成身退的大贤风范表示由衷的钦敬，赞扬其节操可比家乡清澈的木兰溪水。

致仕后两年，弘治八年（1495年）春，惠安在家乡去世。白沙得讣，抱病写《彭司寇挽词》三首，请友人陈时周带回莆田，交付惠安家人，并请陈时周代为凭吊惠安墓。挽词云：

男子固多奇，如公更不疑。
经纶思昔日，功业问当时。
鬼幸村巫小，棋还国手知。
杜陵秋月下，兴尽《八哀诗》。

——其一

侃侃亦訚訚，行违榜要津。
鸟还江上暝，人老世间春。
禄尽休言命，愁多不为亲。
武夷最高处，东望一沾巾。

——其二

斗气空遗剑，床灯不照琴。
春怀不自得，老病忽相寻。
事往浮云梦，山余宿草心。
平生孺子意，絮酒一何深。

——其三

三首挽诗一气呵成，白沙以杜甫创作《八哀诗》的深情，展现惠安可亲与正直的个性（“侃侃亦訚訚，行违榜要津”），起伏不定的仕途（“男子固多奇，如公更不疑”），磊落不凡的功业（“经纶思昔日，功业问当时”），抒发内心无比的悲痛和深沉的悼念（“武夷最高处，东望一沾巾”）。

李承箕

李承箕（1461—1505），字世卿，号大厓，白沙弟子，湖北嘉鱼人。成化二十二年（1486年）举乡试第一，博学，擅诗文。成化十八年（1482年）因慕白沙之名，曾几度从嘉鱼来江门从白沙问学（参见清人阮榕龄《编次陈白沙先生年谱》）。白沙应召入京期间，结识其从弟承恩，承恩出示世卿之文，白沙见其文出入经史，跌宕纵横，不为势利所拘，知其“抱负有大于人”，甚为赏识。对李承箕不远千里前来从学，白沙十分高兴，特筑楚云台为其居所，并手书一联：“有月严光濑，无金郭隗台。”联中以楚云台喻严光濑、郭隗台，以示对李承箕的欣赏。严光，东汉高士，少时尝与刘秀游学，辅佐刘秀称帝后，不愿出仕，隐居富春江畔，其垂钓处后人称严濑或严光濑；郭隗，战国名贤，燕昭王即位后，尝筑黄金台延揽之。

据《编次陈白沙先生年谱》记载，弘治元年（1488年）四月，门人嘉鱼李承箕来从学，白沙筑楚云台。李承箕裹粮自嘉鱼来从学。两年后，承箕因母丧返嘉鱼，白沙作《送李世卿还嘉鱼序》，文章说“自首夏至白沙，至今凡七阅月。中间受长官聘修邑志于大云山五十余日，余皆在白沙，朝夕与论名理”。后又曾两度来江门。回嘉鱼后在大厓山读书、隐居终老。有《大厓集》。

钱谦益《列朝诗集小传》、黄宗羲《明儒学案》对其事迹有较完整的介绍：

> 承箕，字世卿，嘉鱼人。幼有大志，不喜举子业，读书大厓山，非礼不动……丙午领乡荐，一试礼闱而归。徒步师献章于岭南，不复仕进。兄承芳，以大理寺副谢病归，筑钓台于黄公山，日夕奉母。世卿为诗文，下笔立就，若不经意。工草书，人争传之。（《列朝诗集小传》丙集）

> 李承箕，字世卿，楚之嘉鱼人。成化丙午举人。其文出入经史，跌宕纵横。闻白沙之学而慕之，弘治戊申，入南海而师焉。白沙与之登临吊古，赋诗染翰，投壶饮酒。凡天地间耳目所闻见，古今上下载籍所存，无所不语。所未语者，此心通塞往来之机，生生化化之妙，欲先生深思而自得之，不可以见闻承当也。久之，而先生有所悟入。归筑钓台于黄公山，读书静坐其中，不复仕进。自嘉鱼至新会，涉江浮海，水陆万里，先生往见者四。而白沙相忆之诗：“去岁逢君笑一回，经年笑口

不曾开。山中莫谓无人笑，不是真情懒放怀。”又：“衡岳千寻云万寻，丹青难写梦中心。人间铁笛无吹处，又向秋风寄此音。”真有相视而莫逆者。盖先生胸怀洒落，白沙之门更无过之。乙丑二月卒，年四十五。（《明儒学案·白沙学案》）

《列朝诗集小传》撰述了有明一代二百余年中两千余诗人的传略，是世人了解和研究明代诗歌史的一部重要著作；《明儒学案》为明代第一部学术史，所述上起明初方孝孺、曹端，下迄明末刘宗周、孙奇逢，有明一代理学家悉数网罗其中，由此表明，李承箕在明代理学史与诗歌史上均有不可埋没的位置，两相比较，其在理学史上的地位要显突出。《明儒学案》白沙学案录陈白沙在内的十二人，李承箕居首，以亲炙“自得”之学获白沙较高评价。

在白沙弟子中，世卿襟抱、才具与白沙最为相近；白沙最欣赏世卿独对青山、清苦自立的精神，诗称“往往诗囊随李贺，深深酒瓮寄渊明。世间未必如公足，山有飞云水有溟”（《与世卿闲谈，兼呈李侍御》），故白沙与其相聚最乐，他在文中不无自得地说：“时时呼酒与世卿投壶共饮，必期于醉。醉则赋诗，或世卿唱，予和之；或予唱，而世卿和之”（《送李世卿还嘉鱼序》）。

白沙诗中记录了二人在江门惬意的相处，结伴同游圭峰风景，亲密无间的师生情谊：

圭峰雨初霁，策马向松关。
流泉忽满涧，白云长在山。
弃置千般事，来投半日闲。
上方禅榻静，坐到暮钟还。

——《寄吴明府同世卿游玉台》

有月严光濑，无金郭隗台，
悠悠百年内，又见一人来。
水槛秋逾好，山云暝欲回。

相逢各心醉，一语泱春醅。

——《楚云台呈世卿》其三

小立三人静楚云，水田漠漠向秋分。
千峰笑指来时路，黄鹤楼前月是君。

——《偕一之、世卿诣楚云台偶作，呈世卿》

白沙之学重在发明本心，有无言自得之妙。屈大均《广东新语》记载，李承箕居江门三载，师生二人常相与登高望远，追云逐月，赋诗饮酒以为乐。至于何者为道，何者为学，白沙皆不言，曰："待世卿之自得也。"世卿亦不问白沙，曰："待吾之自得也。"白沙尝言曰："吾与世卿朝夕无所不言，所未言者，此心通塞往来之机，生生化化之妙，非见闻之所及者，将以待世卿深思而自得之，非敢有爱于言也。"（《白沙逸事》，《广东新语》卷十）李承箕返归嘉鱼时，白沙赋诗送别：

黄公椽子李家山，水国初归作梦看。
爱杀在家兄弟好，一壶春酒对承颜。

——《世卿还黄公山》

李承箕回嘉鱼后，白沙每当接到他的来书时就十分高兴；白沙也经常在诗中抒发对弟子的思念之情：

笑颜别后几回开，诗到衰翁辄举杯。
击壤狂歌千首在，一春无计寄君来。

——《得世卿诗》

蚬酒三钟一曲歌，江边长袖舞婆娑。
如今歌舞人何处，惭愧春铛蚬子多。

——《炒蚬忆世卿》其一

衡岳千寻云万寻，丹青难写梦中心。
人间铁笛无吹处，又向秋风寄此音。

——《寄李世卿》

诗中说，当春季蚬子上市的时节，白沙就会回忆起与世卿一道把酒食蚬子的情景；再高的衡岳也比不上对世卿梦中的想念，希望秋风为自己传送这份殷切的感情。这种不能自已的思念表现出白沙、世卿师生之情的深挚，同时也流露出白沙对世卿的器重与赏识。

白沙思念世卿之作，以《有怀世卿》最为感人、动情：

仙鹤去不归，黄鹂向人语。
空馆忽相思，云山杳何许？
出门望东海，默默空延伫。
月出潮复来，鸣桡下沧渚。

——其一

诗中写：世卿如黄鹤远去，唯有黄鹂向我鸣叫。独坐小庐山之空馆思念故人，云山杳杳，知在何处？出门向东海默默眺望，不见踪影；只能在月夜驾着一叶小舟在江岸聊以遣兴，排解思念。表现出白沙思之不得的无可奈何。

李承箕诗文清洒简洁，颇有山林情致。大厓追随白沙十余年，受白沙影响，不重著述，《大厓集》缺乏心性修养的专文，然其心学观点在文中不乏自然流露，如《徐伯恒字说》：“吾心之理与气，相为流通，无一息之间，唯君子能体之。”《游罗浮记》称：“举天下之物，不足以动吾中。”均颇有白沙以“吾心”交通、睥睨万物之气概。

集中与白沙有关的诗文数十篇。诗中展现出厓海、圭峰历历如画的景象，和对师生、朋友之情的感人讴吟。如《大忠祠次石翁韵》：

厓山千古地，草木亦知钦。
成败非人算，天人不共心。

风波来得得，祠屋落深深。
独抱卧龙膝，谁听《梁甫吟》？

又如《次韵石翁灯下阅李孔修诗偶成绝句》：

昨夜新凉入敝帷，手摊诗卷坐移时。
江湖满地秋来兴，消得渔翁一首诗。

再如《次韵石翁寄容一之圭峰》：

清秋望不极，楚客思无边。
得句云归岫，开尊月上弦。
坐平临海石，饮足在山泉。
归面垂厓壁，从头又几年？

这些诗叙事、抒怀大都清峻、简洁，不乏佳句与意境，表现出超逸的品格和浓厚的山林气息。

集中并收入作者离开江门时与白沙、容贯（一之）三人的七律联句一首，别具意趣，全诗萧瑟、苍凉，将师生、同门三方的离情别绪渲染得分外感人：

霏霏烟雨湿芭蕉（石翁），短短清吟送酒瓢。
万里归心怜楚客（一之），一年无计驻兰桡。
飞鸟肯逐霜前雁（箕），来往无端海上潮。
黄鹤楼中吹笛罢（石翁），月明何处梦相撩。

——《雨中小酌将别白沙》

首联（白沙）写主人雨中置酒送客；颔联（容贯）写楚客将欲北归；颈联（世卿）写自己因问学白沙，如飞鸟几度往来于南北；尾联（白沙）抒发别后的怅惘与思念。白沙所拟首尾两联尤为伤感，在他的集中很少见到这类凄清的诗句。像这样声韵谐美的七律如果夹在晚唐温、李等人的集子中，读者不一定能分辨出真伪。它表明，遵守诗教的白沙也具有唯美的眼光和浅斟低唱的风雅能力，只不过要在适当的机会才会表现出来。

白沙去世后，李承箕悲痛不已，写下《石翁陈先生墓志铭》《祭石翁文》，追忆当年跟随白沙先生在小庐山畔习静养心，沉潜于“自得”之学，追怀先师对自己的谆谆教诲：

> （先生）习静端坐……翳者去而明者来，往者过而来者续，泯然无支离糠秕之患，怡然无内外动静之别，洒然与万物同其上下而不庸我矣。……吾从先生十有三年，凡四见先生也。先生每以己之所以养心持身，由微至著，自得无待于外之要，惺惺策之者，不但一二而已也。
>
> ——《石翁陈先生墓志铭》

> 每有请益……朝食夕餐，寒衣暑服，饮酒举杯，投壶捷矢，一歌一曲，有唱有和，不一而足。
>
> ——《祭石翁文》

文章回忆十三年间四往江门的经历，师生二人朝夕相处、怡然自得的情景，白沙对作者的教诲和无微不至的关心等，深情溢于纸墨，读之历历在目，令人难忘。

林　光

林光（1439—1519），字缉熙，号南川，广东东莞人。十七岁中秀才，成化元年（1465年）举人，成化五年（1469年）首次入京会试落第，在神乐观拜见同时落第的陈白沙，被白沙收为弟子。同年三月，二人结伴乘船南归；五月途经南京时，陪同白沙会见任职于此的罗伦（一峰）。回乡后，林光在榄山清湖筑书屋苦读，杜门不出数年。

成化二十年（1484年），林光二次赴京会试，中乙榜，授浙江平湖教谕。弘治六年（1493年）秩满还乡。弘治七年（1494年）再赴部谒选；后历任山东兖州府儒学教授、严州府儒学教授、国子监博士、襄阳襄王府左长史。正德八年（1513年）致仕，进阶中顺大夫还乡。六年后去世，终年八十一岁。有《南川冰蘖全集》。

林光被公认为陈白沙最得意的弟子之一，黄宗羲说："白沙称其所见甚是超脱，甚是完全，盖自李大厓（按：李承箕）而外，无有过之者"（《明儒学案》卷六《白沙学案》二）。

湛若水说：

> 白沙夫子崛起南方，析濂洛之源，以达于洙泗，慨然任明道之责。当是时，得其门而入者，惟南川一人而已。（《南川林公墓表》，《南川冰蘖全集》附录）

从成化五年（1469年）林光拜师白沙，至弘治十三年（1500年）白沙去世，二人交往逾三十载，数十余年的师生情谊，通过很多感人的诗歌表现出来。

成化二十年，林光授平湖教谕，白沙闻信写下七律一首，抒发了对弟子即将远行的惜别：

> 偶从道路得行藏，南北音书又一乡。
> 溟海心情真自远，平湖风月可谁将。
> 山中旧坐香根老，耳畔新声木铎长。
> 衰病未知何日起，扶留窗下正抄方。
>
> ——《闻缉熙授平湖掌教》

白沙听到这个消息时正在病中（"衰病未知何日起，扶留窗下正抄方"），他寄望初涉仕途的林光能在平湖教谕位置上有所作为（"山中旧坐香根老，耳畔新声木铎长"）。

林光在平湖任上时，白沙经常通过诗歌抒发对弟子的思念：

秋怀耿不寐，更静复闻更。
水向漫漫注，心含种种情。
士应强到底，官岂怠将成。
旧业罗浮外，东南望隔瀛。

——《用韵寄林缉熙平湖》

开缄不见平湖字，君往平湖今几冬？
想见朱颜非往日，故人林下首如蓬。

——《岁暮得林缉熙平湖书》

诗中在挂念学生的同时（“想见朱颜非往日”），勉励林光努力敬业，对风化一地的教谕一职不能疏忽、懈怠（“士应强到底，官岂怠将成”）。

十年后，林光改赴严州任职，因多年不见，白沙思念之情更浓：

四方冠盖客京畿，多少年光入鬓丝。
…………
千里相思频作梦，严州谁问到官迟。

——《和答林郡博缉熙将至严州见寄》其二

酒阑歌不起，老病无奈何。
梦满桐江雨，相对不成歌。

——《梦林缉熙》其一

山楼本无梦，我自梦严州。
严州谁梦我，白云天际流。

——《梦林缉熙》其二

诗中写林光频频出现于白沙梦中，衰病中的老人抑制不住思念，只能徒然怅惘而已（“严州谁梦我，白云天际流”）。

白沙因为与林光密切的师生关系，同其父林彦愈（号竹斋）也建立了交情。白沙在江门曾有诗作寄林氏父子。诗中写白沙因想念林光父子，曾在某年黄鹂纷飞的春日独自前往榄山见面的喜悦：

相思无语出门迟，短发龙钟只自知。
独往逢君是何日，黄鹂飞上绿杨枝。

——《寄榄山》

成化十五年（1479年）林彦愈卒，白沙受林光嘱，特撰《林彦愈墓志铭》，铭中特别述及林光在榄山刈茅伐竹，修建书屋时，其父“笠屦日至，视工筑”的情景，以及亲为林光抄录《朱子语类》的感人事迹，称赞他们“自为知己”，十分难得的父子之情。

林光也通过诗歌表达对白沙不舍的感情与思念：

日日江门弄钓丝，清闲到老亦何辞。
风波薄暮看投楫，裘葛无心只顺时。
身世频频催白日，文心恰恰照南陲。
一樽相送情难尽，手擘轻红饯荔枝。

——《赠别石斋先生》其二

老脚年来陟两畿，南溟空仰一轮丝。
考亭旧学曾称伪，严子滩声也未夷。
坛杏坐忘春雨后，浙山看到晚晴时。
含情细和江门句，不怕烧灯下笔迟。

——《次韵答陈石翁》

前者写于林光赴平湖任职与白沙分别时，诗中展现白沙在江门生活的情状，“一樽相送情难尽，手擘轻红饯荔枝”表达对先生的依依难舍。后者抒发林光在外任职期间，辗转宦游的心情和感慨，“含情细和江门句，不怕烧灯下笔迟”写出了对白沙的一片真挚感人的深情。

《白沙集》中有以诗歌作类似悟道的偈子，向林光示以金针度人法门的诗作：

种种日用见端倪，而此端倪人莫窥。
不有醒于涵养内，定知无有顿醒时。

——《寄缉熙》其一

诗中所谓“端倪”即“端绪”，亦即通过静坐涵养所发现的“真心”（《寄林缉熙》）；陈白沙形象地将它比喻为梦中醒来的“顿醒”。这种静坐养心的方法是陈白沙一再强调的心学要领，白沙在谈到自己的悟道经验时指出：“舍彼之繁，求吾之约，惟在静坐。久之，然后见吾心之体，隐然呈露……”（《复赵提学佥宪》一）。

林光对白沙指示的静坐悟道、涵养本心的方法深有领会。他说：“先生教人，其初必令静坐，以养其端绪。尝曰：‘人所以学者，欲闻道也……无令半点芥蒂于胸中，然后善端可养，静可能也。终使一意，勿助勿忘，气象将日佳，造诣将日深。’”（《明故翰林院检讨白沙陈先生墓碣铭》，《南川冰蘖全集》）

林光在长期追随白沙治学的过程中，汲取了丰富的心学滋养，成为白沙学术思想的重要传人之一。白沙对他评价甚高，称其“进学所见，甚是超脱，甚是完全”（《与林郡博》六），并赋诗勉励，诗曰：

矢心欲解浮名缚，海上林光汝最真。
四百峰峦分我半，清风明月两闲人。

——《绝句二首寄缉熙贤友》其二

该诗赞扬了林光参透浮名，潜心心学，在南海之滨的清风明月中与白沙为伴，真心追求“自得”的精神。

白沙去世后，林光撰文指出：“（明中叶）学衰道废，学者从事乎枝叶……先生扫其浮叶，直其回迂，启其关钥，洞其室庐，天高海阔，飞鸢跃鱼。万变纵横，我握其枢。”（《祭白沙先生文》）

文章对白沙心学致虚立本，自握机枢，鸢飞鱼跃的特点，以及白沙对明代学术振衰起弊之功作出了高度评价。

张　诩

张诩（1455—1514），字廷实，号东所，广东番禺人，家居广州。张诩少有才俊，“彭韶见其少作诗，美之曰：‘岭海孤凤也’”（阮榕龄《白沙门人考》）。成化十年（1474年）考中举人后，经同乡、白沙弟子陈庸介绍游江门，受业于白沙。成化二十年（1484年）中进士后，以病为由获朝廷批准回籍养病六年。后授户部主事，两年后以父丧丁忧回籍，自是累荐不起。正德九年（1514年）召为南京通政司左参议，上疏辞，后抱病赴南京“一谒孝陵即告归”。因不堪旅途来回，舟车劳顿，回到广州不久就去世了。有《东所集》传世。

廷实父子与白沙都有交往，白沙集中有《寿张抚州六十诗序》，就是白沙为其父所作，序中说：“两山（廷实父号）之子诩也，从余游。”廷实追随白沙近二十年，师生感情十分深厚。在老师多年的言传身教下，廷实对白沙“自然”“自得”之学与超卓的隐士之风由衷仰慕，领会深刻。白沙集中录与廷实书信达六十九缄，是数量最多的，可见他们的师生关系非同一般。廷实是白沙最为满意的传人之一，对其学甚为欣赏，评价较高，说：

> 盖廷实之学，以自然为宗，以忘己为大，以无欲为至，即心观妙，以揆圣人之用。其观于天地，日月晦明，山川流峙，四时所以运行，万物所以化生，无非在我之极，而思握其枢机，端其衔绥，行乎日用事物之中，以与之无穷。（《送张进士廷实还京序》，《陈献章集》）

序中“以自然为宗，以忘已为大，以无欲为至”，“其观于天地，日月晦明，山川流峙，四时所以运行，万物所以化生，无非在我之极”等皆为白沙心学的精要，白沙称廷实“握其枢机，端其衔绥”，这与他本人当年通过静坐发明本心，自感“如马之御衔勒”（《复赵提学佥宪》其二）的体会完全一致，表明廷实已把握白沙心学的关键。白沙这种评价肯定了张诩作为其学术传人的地位。

白沙去世之后，廷实以阐发、传扬白沙之学为己任，撰写《白沙先生行状》《白沙先生墓表》等文章介绍白沙生平事迹和学术思想。特别是《行状》一文，作者结合自己长期的亲身经历，对白沙一生的生活、学术经历、治学方法及重要言论等作了全面记载，在白沙弟子所写的类似文章中篇幅最长，内容也最全面，生动感人，具有较高的史料价值和学术价值。

张诩在诗中记载了初赴江门，拜访白沙碧玉楼的印象和感受：

胜事今何在，流年只自忙。
好怀开小屋，醒眼到斜阳。
莺语谐琴韵，花枝映酒觞。
野人何限乐，此乐复无央。

——《访陈宅》

此诗的前二联写白沙当年习静之“胜事”，白沙二十八岁至三十八岁在家中曾独辟一室，整日在春阳台习静苦读养心，足不出户凡十年。“莺语谐琴韵，花枝映酒觞。野人何限乐，此乐复无央”两联写出了白沙在清静、优美的小庐山自得其乐的隐居生活。诗中对先生的向慕、追随之情溢于言表。

有的诗也写到当年自己在江门求学期间，师生二人在山林对饮交谈的情景：

栖迟不必华山巅，酿熟磁杯与客传。
半饷剧谈花坞日，两人深坐对林烟。
此生聚散浮云耳，举世升沉春梦然。

一醉忘情君便得，不须回首问苍天。

——《湖亭与翁山对酌》（同上）

白沙写给张诩的诗除一般唱酬应答外，多涉及论学。如：

世惟拾宝人，惜宝如惜子。
宝为物所掩，念之容色悴。
一朝此宝来，辄复喜不已。
喜戚由宝故，以识为心累。

——《读张廷实主事近稿》

此诗表达了白沙读廷实近作的喜悦，更重要的是告诫廷实，对待己作和他人评价要以超然物外的“自得”态度待之（“喜戚由宝故，以识为心累”），方能不为物累，正如白沙所说，以无滞、无碍“无所著（按：无滞、无碍）之心行于天下”（《道学传序》），“不累于外，不累于耳目，不累于一切，鱼跃鸢飞，其机在我。知此者谓之善，不如此者虽学无益也”（《惠安集》附录）。又如：

往古来今几圣贤，都从心上契心传。
孟子聪明还孟子，如今且莫信人言。

——《次韵张廷实读〈伊洛渊源录〉》

《伊洛渊源录》是朱熹的一部著作，内容是阐述理学源流。白沙此诗重点告诫张诩“为学当求诸心”（《书自题大塘书屋诗后》，《陈献章集》），即求之于本心。白沙认为，所谓“自得”，就是得之自我，“非得之书也，得自我也”（《复张东白内翰》，同上）。白沙认为，对《伊洛渊源录》这类前人著述，必须以“我”为主，不能让书本及“吾心”以外的东西遮蔽或束缚了自己的手脚，被它们牵着鼻子走；一定要找回“本心”，让它做自己的主宰，自古以来的圣贤追求的都是这个境界。所以他明确指出

"孟子聪明还孟子，如今且莫信人言"，勉励廷实以先圣孟子为榜样，不迷信权威经典，发扬"尽信书，则不如无书"（《孟子·尽心下》）的精神，敢于打破因循守旧、食古不化的陈旧学风，正如白沙所说的"吾能握其机，何必窥陈编"（张诩《白沙先生行状》，《陈献章集》附录），"徒诵其言而忘其味"（《道学传序》），从而摆脱陈编故纸，做自己思想的主宰。据张诩《白沙先生行状》记载，此诗为白沙弘治十三年（1500年）春临终前交给他的，表明白沙对张诩的倚重，希望他和门人一道将自己创立和毕生经营的心学发扬光大。

白沙还教导廷实对自己所写的诗，不要仅仅停留在文句上琢磨，务必领悟精神，说："他人读拙诗，只是读诗，求之甚浅，何足与语此也。"（《与张廷实主事》其三）

白沙上述论学（道）诗较枯燥，但有的次韵酬答、寄赠之作却不乏清新、韵致与趣味，显出师生关系的亲密融洽：

若水清风当颖出，山人莫道不前知。
拍手江门春信早，黄鹂飞上绿杨枝。

——《次韵东所见寄》

人间风月几西湖，居士围中亦偶呼。
千树梅花一只鹤，可曾认得主人无？

——《寄题张主事小西湖次韵》其一

两脚着地此何关？白云与尔同去还。
正当海阔天高处，不离区区跬步间。

——《次韵张廷实见寄》其一

白沙除对张诩教导以心学之法外，还在写诗功夫上予以指导，内容涉及写诗的根本（性情、涵养）、声律、词句等方面，其中不乏精见，并亲自操笔为他改诗。

如谈性情："欲学古人诗，先理会古人性情是如何。有此性情，方有此声口。"（《批答张廷实诗笺》）

谈诗贵自然平易："大抵诗贵平易，洞达自然，含蓄不露，不以用意装缀，藏形伏影"，"使人不可摸索为工"（出处同上）；"古文字好者，都不见安排之迹，一似信口说出，自然妙也"（《与答张廷实主事》九）。

谈声韵用字："（诗作）台字韵首句以'闲'字易'眠'字何如？间字韵第二句当改。途字韵'俯惭'作'每惭'佳"等等，不一而足（参见《与答张廷实主事》二十四）。

张诩对白沙教诲，追忆、感念不已，他深有体会地说："先生教人，随其资品高下，学历浅深，而造就之，循循善诱，其不悟不强也。"（《白沙先生行状》）

白沙去世后，张廷实撰写《白沙先生行状》《白沙先生墓表》等文章，致力宣扬白沙心学。称"先生尝以道之显晦在人而不在言语也"，称赞白沙"自一言演之可万言，自万言敛之可无言"，又说"诵其诗，读其书，当有以知其人"（《白沙先生行状》），乃编《白沙遗言纂要》弘扬白沙之学，称是书"庶观者知先生虽寻常应酬文字中，无非至道之所寓，至于一动一静、一语一默，盖可触类而长焉"；"由是观之，先生虽以无言示教，而卒未尝无言。是以言焉而无不中，有纯而无驳，其本真故也，是可以佐圣经而补贤传矣"（《白沙遗言纂要》序）。

张诩还经常通过诗歌抒发对先师的缅怀，如《木樨花下怀石翁先生》：

> 木樨香透越山云，记得根从海上分。
> 恨杀西风夜来恶，一枝摧处正愁君。

白沙的新会旧居在厓海之滨的圭峰山下，张诩赞为如孔子之阙里（《白沙先生全集序》，"新会，先生之阙里也"）。因周围盛长木樨，白沙集中颇多咏木樨诗句。张诩此诗咏物兼怀人，既颂扬了白沙清芬远播的道德人格，又抒发了自己不忘学术根脉的情思（"木樨香透越山云，记得根从海上分"），具见其对先师深厚的思念，感人至深。

湛若水

湛若水（1466—1560），字民泽，曾改名雨，定名若水。广东增城甘泉都人，学者称为甘泉先生。弘治十八年（1505年）进士，曾任南京礼部尚书，后转为吏部、兵部尚书，嘉靖十九年（1540年）致仕。以九十五岁高龄去世，谥文庄。有《湛甘泉先生文集》。

弘治七年（1494年）春，已获举人功名的甘泉为表明从学白沙的决心，烧掉进京会试的路引，到江门拜见白沙，被白沙收为弟子。这一年甘泉二十九岁，白沙六十七岁。白沙对甘泉十分赏识，以独得之秘引导，并间以诗示心学之法，晓谕甘泉摆脱书册束缚，洞察天道、自然之理。如：

圣人之学，惟求尽性。
性即理也，尽性至命。
理由化迁，化以理定。
化不可言，守之在敬。
有一其中，养吾德性。

——《与民泽》

六经尽在虚无里，万理都归感应中。
若向此边参得透，始知吾学是中庸。

——《与湛民泽》

弘治九年（1496年），甘泉曾与李承箕等游罗浮山诸名胜，将所写《游罗浮》诗寄呈白沙：

闻歌一夜动幽怀，直踏飞云万丈崖。
翠霭浮云白日暝，虹桥有路青天来。
三月二月春之半，千山万山花正开。

笑问仙源杳何处？云涛浩浩不堪裁。

——其一

飞云渺渺来中空，洞口桃花虚映红。
瑶笛长吹千里月，霓裳轻飏五铢风。
玉堂回首即天府，黄石归来是赤松。
静啸空山人不见，石楼烟袅麻姑峰。

——其二

白沙接读后作《罗浮春寄民泽》：

海上花开万玉林，闲门碧玉梦相寻。
不知开处花多少，折尽罗浮半夜心。

白沙还在信中特意指出，“飞云之高几千仞，未若立本于空中”，甘泉所陶醉的游罗浮飞云之乐“未免俗乐尔”，勉励他以立本为务，追求心超然于“祝融之上”（《与湛民泽》四）的“真乐”。后来白沙又专门就游罗浮山一事写诗给甘泉，表示对他的殷切期勉：

漠漠黄云冈，珊珊铁桥水。
宇宙几千年，洞天今有主。
借问子为谁？平生子湛子。

——《与民泽》

在白沙的启发诱导和自己的潜心苦学下，甘泉的心学修养提高得很快，日臻成熟，并结合自己的体会提出了“随处体认天理”的重要思想。他说，“所谓随处体认天理者，随已发未发，随动随静”（黄宗羲《明儒学案》卷三十七《甘泉学案》，《文简湛甘泉先生若水》），无论“读书、亲师友、酬应，随时随处，皆求体认天理而涵养之”（出处同上）。甘泉“随处体认天理”的观点，是对白沙以“自然为宗”静养端倪思想的完善，得到白沙的赞扬。白沙在信中鼓励他说：“……来书甚好，日用间随处体认天理，着此一鞭，何患不到古人佳处也。”（《与湛民泽》十一）

白沙晚年以其心学要旨融会于《示湛雨》一诗中，示甘泉：

有学无学，有觉无觉。
千金一瓠，万金一诺。
于维圣训，先难后获。
天命流行，真机活泼。
水到渠成，鸢飞鱼跃。
得山莫杖，临济莫喝。
万化自然，太虚何说？
绣罗一方，金针谁掇？

弘治十二年（1499年），病中的白沙决定效法达摩，将江门钓台作为“衣钵”交付甘泉，并赋《江门钓濑与湛民泽收管》绝句三首：

小坐江门不记年，蒲裀当膝几回穿。
如今老去还分付，不卖区区敝帚钱。

——其一

皇王帝伯都归尽，雪月风花未了吟。
莫道金针不传与，江门风月钓台深。

——其二

江门渔父与谁年，惭愧公来坐榻穿。
问我江门垂钓处，囊里曾无料理钱。

——其三

诗末附跋语："达摩西来，传衣为信。江门钓台亦病夫之衣钵也。兹以付民泽，将来有无穷之托。"

钓台是白沙的重要隐居地，也是他与门生、友人论道的重要场所，在老人心中有着极重的分量，他曾在诗中自信地表示，"若比桐江还胜概，千年埋没一朝开"（《江门钓台》），认为其胜概可望超过严子陵当年隐居桐江的钓矶。白沙在临终前一年将钓台交付甘泉收管，并在诗中指出自己心学的秘诀（"金针"）全在此风月幽深的钓台；白沙相信甘泉作为衣钵传人，接过钓台会将自己所创立的心学发扬光大，传承久远。可见白沙对甘泉的器重与瞩望之深。

跨越数百年历史时空，江门钓台一直坐落在蓬江之滨，作为珍贵的文化遗存和白沙学说精神象征供后人凭吊，诚如学者所言，"（白沙）先生之钓，非钓道也，而道归之"，"钓即其学，学即其道也……抑余亦尝学钓道矣"（王植《修复钓台记》，《陈献章集》附录）。

弘治十三年（1500年）二月初十，白沙在江门去世。七月二十日，葬于圭峰之麓。湛甘泉在文中写道："呜呼，孰谓不可言之妙，不可传之蕴，今以不可得而复传，而传之者复几何人？堂堂元气，逝将与大化而长奔。一十二万年雪月，二百三十峰晴云，是犹庶几乎？先生之真，万古长存！"（《奠石斋先师文》，《陈献章集》附录）

正德十六年（1521年）白沙改葬皁帽峰下，甘泉复为撰改葬墓碑铭，阐扬白沙"自然""自得"之学，文中说，"唯夫子道本乎自然，故与百姓同其日用，与鬼神同其幽，与天地同其运，与万物同其流，会而通之，生生化化之妙，皆吾一体，充塞流行于无穷，有握其机而行其所无事焉耳矣。惟夫子学本中正。中正故自然，自然故有诚，有诚故动物"（《白沙先生改葬墓碑铭》，《陈献章集》附录），并作《谒石翁墓》诗，表达对先师的怀念与对其学术、风节的赞扬：

哲人久已逝，山水有遗光。
履地益怀人，况此埋玉乡？
登山勿采松，采之恐枝伤。

临水勿汲源，汲之流不长。

——其一

夫君有嘉惠，赠我云锦裳。
中绣自然字，服之永不忘。
忍着君遗物，为人作新妆。
酹酒矢心曲，敬进南丰香。

——其二

凤凰去不返，万仞空高冈。
升冈望孤凤，何时复来翔。
感此笼中鸟，眷彼旷世祥。
黄唐代已远，五色徒文章。

——其三（《泉翁大全集》卷四十）

甘泉不负先师重托，对传播白沙学说不遗余力，平生所到之处，广建书院奉祀白沙，影响深远。作为白沙的重要弟子，他被公认为白沙学说最具影响力的传人。黄宗羲说：“（甘泉）先生与阳明分主教事，阳明宗旨致良知，先生宗旨随处体认天理。学者遂以良知之学，各立门户。”（《甘泉学案》，《明儒学案》卷三十七）屈大均说：“先是在京师，与阳明讲求正学，天下靡然从之，号阳明之派曰浙宗，甘泉之派曰广宗。而阳明早逝，甘泉独以高寿作人，学者慕风而至，得以及门为庆幸。”（《广东新语·卷十》）

甘泉论诗以儒家诗教为本，高度重视诗的教化、涵养德性的作用，称“诗之教，本乎性情，止乎礼义，亦孔氏家法也”（《恬隐诗序》，《泉翁大全集》卷七十四）；强调“文以致用”，主张诗文适用而已，不重文采，称“君子者，事行而已。行以立本，本之不匮，文是用休”（《应制观光诗序》，《泉翁大全集》卷二十三）。基于这样的认识，甘泉往往过于重视诗（含其他文学作品）的伦理、思想价值，而忽视其美学价值，甚至以伦理评价代替了美学评价，将《诗三百》与《尚书》等同起来，视为儒家古训“异体而同道”的著作；他也正是以这样的眼光看待白沙诗歌，将它们视为“以诗为教”的儒学（心学）经典著作（参见本书第二章《诗教诗论》），因此学者批评他喜欢以诗“为证道者言”，是符合事实的。较之屈大均所概括的“白沙诗教”，甘泉诗教更多拘泥于儒家传统诗教的影响，对诗歌美学内涵的认识要保守、狭隘一些。这种论学和论诗有所区别（开放或保守）的态度，放诸历史上一些有影响的学者（含心学家），并非个别现象，不足为怪。

出于对陈白沙和庄定山道德风采的欣赏，甘泉对二人富于山林气息的诗作甚为推崇，他说，“世之君子，欲知定山先生之诗者，观诸白沙先生之诗可也；欲知白沙先生之诗者，观诸定山先生之诗可也”，二者“金辉玉映，并妙皆佳”，读者将“由其言以观其蕴，诵其诗，读其书，以知其人”（《重刻定山先生诗文集序》，《泉翁大全集》卷二十三）。

甘泉诗淳雅、中正，不藻文饰，颇合乎其论诗宗旨。陈田评其“盖参合宋《击壤》，明（白沙）定山诸派而成”，不乏清脆句，如“北风吹湖船，帆挂南岳树”，“桃李默不言，柳莺语春风”，“夜瓮分江水，春茶煮楚云”等，但不多得。此评价可供参酌。

第六章
地位影响

在明代诗歌史上，白沙诗歌在精神内涵、美学素质、创作手法等方面都具有独特的价值。与同时期的诗人相比，白沙诗歌的成就是许多诗人所未能达到或超越的。然而历史的评价不尽如人意，部分文学史家对白沙诗歌的价值一度有所忽略，甚至产生误解，在一些有影响力的文学史中，至今很难见到他的名字。

这一情况，一方面是由于陈白沙兼有理学家和诗人的双重身份，在传统学术史和文化史上，其理学家（心学家）的名声盖过了他的诗名；另一方面，则是因为其后学关于白沙诗教的设定，容易使人将白沙误认为一般的道学诗人（性气诗人），从而影响到人们对白沙诗的内容与美学特质全面、深入的认识。对白沙诗的评价，必须放在明代前期诗歌发展的历史进程中认真考察，才会得出比较可信的结论。

明代前期诗歌发展的生态环境是严峻、保守的，面临着学风（朱学）和诗歌本身的双重阻力。

从学术风气看，从明初至成化初期的一百余年中，思想学术风气都是保守僵化的。出于强化封建专制的目的，最高统治者采取了定朱学于一尊的文化政策。朱元璋多次昭示“尊朱子之书”，成祖朱棣敕令撰修《四书大全》《性理大全》《五经大全》并颁行天下，“合众途于一轨，会万理于一原”。“治举业者，以四书为先务，视六经为可缓；以言《诗》，非朱子之传义弗敢传也；以言《礼》，非朱子之家礼弗敢行也……言不合朱子，率鸣鼓而攻之。”（朱彝尊《〈道传录〉序》）定朱学于一尊的思想统治，以及以四书取士的科举制度使天下士人的思想受到严苛的控制，也使他们诗歌创作的欲望和内在活力受到极大的压抑。

从诗歌创作风气看，明代前期诗坛适应封建专制统治需要的便于歌功颂德的台阁体诗风盛行。

清代学者蒋重光在《明诗别裁》序言里曾对明代前期诗歌的发展勾画出一个基本轮廓，指出：“国初诸臣，青田（刘基）、青邱（高启）两雄并峙，开风尚也。永乐以还，体崇台阁……成、弘之代，茶陵振兴，绍先启后，标引导也。”所论虽较简略，但与明诗发展的实际情况基本相符。

明初诗坛以刘基、高启为代表，曾经掀起了诗歌发展的第一个小高潮。但这种局面很快便结束，随着永乐时代“三杨”（杨士奇、杨荣、杨溥）的登台，刘、高开创的局面逐渐失去了光彩。三杨在永乐后期先后进入内阁，他们在朱棣在位时，对维护皇太子地位起到了重要作用，因而受到倚重。杨士奇在内阁43年，杨荣37年，杨溥22年，三人同时历经成祖、仁宗、宣宗、英宗四朝。三杨雅好诗文，他们以位高权重的身份执掌文坛，揄扬风化，要求诗歌发挥鼓吹、颂扬承平之世的作用，“以其和平易直之心，发而为治世之音”（杨士奇《玉雪斋诗集序》，《东里文集》卷五），“足以使后人识盛世气象”（杨荣《重游东郭草亭诗序》）。作为四朝元老，他们权高位显，安富尊荣，所作诗文大都“词气安闲，首尾停稳，不尚藻饰，不矜丽句，太平宰相之风度，可以想见”（钱谦益《列朝诗集小传》乙集《杨太师士奇》）。在他们的示范和提倡下，雍容典雅的台阁体诗风迅速流播，左右诗坛，影响明代诗歌发展数十年乃至百年之久（参见刘大杰《中国文学发展史》、游国恩主编《中国文学史》）。针对台阁诗风影响不良的一面，不少学者提出尖锐的批评，如沈德潜指出，“永乐以还，尚台阁体，诸大老倡之，众人靡然和之，相习成风，而真诗渐亡矣”（《明诗别裁》）。出于对台阁诗风的厌薄和“真诗渐亡”的痛切感受，他编选的《明诗别裁》除杨士奇外，于杨荣、杨溥二人诗作一篇不选。

当台阁体诗风盛行之际，李东阳步入诗坛。李东阳诗宗杜甫，博采众长，出入唐、宋、元的刘长卿、白居易、苏轼、虞集等大家。钱谦益说：

“西涯（李东阳）之诗，原本少陵、随州、香山，以追宋之眉山，元之道园，兼综而互出之。”（《列朝诗集小传》丙集）李东阳在成化、弘治两朝以大学士参预内阁机务，讲习艺文，主持文柄。尽管东阳有台阁重臣之名，但他关于诗歌的见解与三杨却是针锋相对的，他论诗既重风教，也重诗歌特质，在声律、格调等艺术方面提出了不少迥别于三杨的见解，表现出兼收并蓄、博采众长的气度与风貌，他的出现标志着明诗发展的转机。

在李东阳的提倡和影响下，明代诗坛的发展出现了一些新的变化。一些学者给予了他较高的评价。沈德潜说：“茶陵（注：李东阳）起而振之，如老鹤一鸣，喧啾俱废，后李、何继起，廓而大之，骎骎乎称一代之盛矣。”（《明诗别裁》）《明史·李东阳传》称：“自明兴以来，宰臣以文章领袖缙绅者，杨士奇后，东阳而已。”

李东阳论诗以台阁、山林判分高下，说：“至于朝廷典制之诗，谓之台阁气；隐逸恬淡之诗，谓之山林气。此二气者，必有其一。”两者之间，他偏向后者：“山林诗或失之野，台阁诗或失之俗。野可犯，俗不可犯也。”（《麓堂诗话》）李东阳的所谓“野”是指山林诗的在野之气（山林气），所谓“俗”是指朝廷典制之诗的雍容典雅之气。李认为“野可犯，俗不可犯也”，表现出对台阁体“俗”气的明显不满。虽然李东阳并未尽能廓清台阁余风，但以他为代表的茶陵诗派继承、发扬了盛唐诗人比兴感事的传统，从而开启了明代前七子宗唐的先河。学者对此给予很高的评价：“成化以还，诗道旁落。唐人风致，几于尽隳。独李文正才具宏通，格律严整，高步一时”（胡应麟《诗薮·国朝上》），“西涯宏才硕学，汲引风流，播之声诗，洵足领袖一时”（陈田《明诗纪事》丙签卷一）。白沙与李东阳有着深厚交情，成化十九年（1483年）白沙应召入京期间与时任翰林学士的李东阳相识，谢恩还山时，李东阳赠诗送行；后两人在较长的时间里一度保持联系，多有唱和，李东阳对有岭南隐士之称的白沙及其充满山林气息的诗歌甚为欣赏，评价甚高（详见本书《交游唱和》一章）。

作为李东阳肯定的山林诗人，白沙远离庙堂，面对炎凉熙攘的世态，他选择了终身讲学隐居的生活，在圭峰山下写下两千余首诗歌，其中与田园、山水有关的占半数以上，他的这类散发在野气息的山林诗，表现出与居庙堂之高的台阁体诗迥然有别的美学风貌。它们有的直接描写农家生活和农事劳作，有的抒发登山临水的逸兴，有的吟咏自然草木，不少作品兼具清新潇洒、高逸绝尘之风，是自然美与诗人超脱世俗心灵契合的结晶。其中，田园诗中的《和陶诗》以人们熟悉和喜爱的陶体，对田园生活作了别开生面的吟咏，在内容、体裁、格调上与陶诗相似，名为和陶，实为创新；其闲远的意境，古淡、自然的语言，朴素、单纯的色调，是白沙淡泊守真、追求自然美学的诗化理想。对于白沙抒发心志与情趣一类的山林诗，王船山评价较高，他说，“陈正字（按：陈子昂）、张曲江（按：张九龄）始倡《感遇》之作……朱子和陈、张之作亦旷世而一遇。此后唯白沙能以风韵写天真”（《姜斋诗话》卷下四十四），又说，“此十年中别有《柳岸吟》，欲遇一峰、白沙、定山于流连骀宕中”（《姜斋六十自定稿》，《王船山诗文集》下），揄扬之意，溢于言表。船山《柳岸吟》诗作不满九十首，其中和白沙诗达三十八首，可见他对白沙诗的偏爱。

值得重视的是，作为心学家兼诗人的白沙，在其所创作的部分山林诗和哲理诗中都注入了心学的精神，从而使这部分作品获得特别的品格，闪烁着心学的光辉。享有明代心学开山地位的陈白沙，以其所倡导的心学向因循守旧的朱学发起挑战，他以立心为要务，以点亮心灵之灯作为精神使命，致力于追求“不累于外，不累于耳目，不累于一切”（《四库全书·惠安集》附录，白沙赠言）的“自得”境界；这种境界就是让个体生命进入真机活泼，与大化同一的状态，无适而不可，无往而不能，“鸢飞鱼跃在我”的境界，让心灵与思想的羽翼飞翔在无限广阔的宇宙时空。追求本性真实自然的表现与精神的“自得”，是白沙心学的根本点，也是白沙诗歌和诗学的亮点。白沙的“自得”精神进入诗歌创作领域，实现哲人与诗人的同一，他的诗歌（特别是山水诗）就具有了可贵的精神内涵（诗例见本书第二章）。在这些诗中，白沙不仅用心去感受充满活力的自然山水，同时也用心体悟大化、自然之道，使这类诗成为心灵对自然的体验，成为诗人心灵连同心学精神与自然山水契合的结晶，它们凸显白沙作为心学诗人对“心”的致力追求。此外，《白沙集》中的部分哲理诗（论道诗）由于体现、流露了白沙超然独悟的心学思想，带给人们关于人生、自然的理性思考，具有浓厚的哲理性、趣味性和文化气息。白沙诗的这一整体特征使得它从内容、形式到语言风格上表现出高蹈于理学压抑和左右诗坛的台阁流风迥然不同的美学风貌和心学境界，更使得它与左右世俗的宫廷文学——台阁体绝缘，呈现一种可贵的清流拔俗、轩昂自得的美学品质，从而在明代前期诗坛标新立异，独树一帜，占有重要地位。前人赞白沙诗“流连骀宕”，“以风韵写天真”（王船山）；“出于自然”，“在勿忘勿助之间，胸中流出而沛乎，丝毫人力亦不存”（湛若水）；“脱落清洒，独超造物牢笼之外，而寓言寄兴于风烟水月之间”（林俊）；“潇洒有度，顾盼生姿，腐风为之一洗”（俞长城《题陈白沙文稿》，《陈献章集》附录），如此等等，都揭示出以心学为价值取向的白沙诗歌在明代前期诗坛独标流俗的格调与美学风貌，展现出白沙诗歌的生命精神。此外，白沙诗论重视以涵养虚静作为审美观照的条件，以及“性情说”的有关观点（重悟入、情真、“自然”等）等，都是对先秦以来中国古典诗论的继承和发展。

白沙诗学是心学与诗学的融合，它对抒情主体与真情的高度重视，对人格独立与自我意识、自我价值的追求，以及诗中所凸显的“自然”“自得”的生机与物我合一的境界，所包含的道机、理趣等等，均不同程度显示出心学对诗歌和文学创作的正面推动力量，并预示着明诗和明代文学价值观的转变，以及一场新的文学思潮的酝酿与发动。笔者以为，这是站在时代高度，兼有诗人和心学家身份的白沙对包括诗歌在内的明代文学和思想文化所作出的重要贡献。

今天，我们在以陈白沙为首的江门学派学者的著作和诗文中不难看到心学与诗歌创作的重要联系，他们以道入诗的吟咏唱和在明代前期的诗坛形成了一道颇具特色的心学诗派的风景。在明代后期王学及徐渭、李贽、袁宏道、汤显祖等人的诗文或戏剧中更不难感受到心学精神元素所显示的巨大活力，他们以本心、真情、性灵递相标榜，高扬自我主体意识，使宋明以来的朱学价值观与旧的思想体系遭到前所未有的冲击，不能说这些人都受到白沙的直接影响，更不能说这股思潮是由白沙一手发动的，但这股思想洪流的确是明代心学的力量所致。而究本推源，自然要上溯到对明代心学有发轫之功的陈白沙。

白沙不重著述，其思想学术精华主要体现于所存的两千余首诗中。白沙诗歌是岭南文学和中国文学的明珠，是一份宝贵的精神遗产。数百年后的今天，它所包孕的丰富思想、美学内涵仍带给我们跨越时空的通灵共感，文化、美学的启示与沉思。

毋庸讳言，白沙诗有着自身的缺陷与不足。作为理学家兼诗人，白沙的诗中的确有一部分偏于理性的论道、悟道之作，这些诗有的平易自然、富于理趣，将深刻的哲理与生动的形象融为一体，让读者获得诗美和哲学的启迪；有的则限于演绎理学名词或经义，枯燥乏味，主要关乎宇宙大化、性命之理的思考、探求，近乎玄谈，缺乏诗性和诗的美学价值。但后一类诗在《白沙集》中的总量并不多，不至于影响对白沙诗的整体评价。当我们对某一时期的作家或诗人进行研究时，要注意围绕他所生活的时代与整个诗坛的情况作全面的考察与分析，既要尊重前人的结论，又要具备宏观与独立的眼光，这样才能避免主观和武断，同时避免陷入前人的成说不能自拔。早在20世纪80年代，周汝昌先生在谈到兼有宋代诗人和理学家身份的杨万里（杨是被列入《宋元学案》的学者）时说过这样一段话："他是理学家兼诗人，学诗不肯死在'黄陈'江西派的篱下，敢于自出乎心眼。他讲理学，他举的话头大抵来自周、孔、程，但是，看他对他的'先哲'们并不一味膜拜，一味迷信，一味盲从，却颇敢提出异议和新见解……在他所处的那等历史阶段的局限下，他能如此，是值得我们深思的。"（《杨万里选集·致读者》）周汝昌根据自己的研究，对纪昀在《四库全书总目提要》中对杨万里诗的武断批评作出了令人信服的反驳。在对兼有同样身份的白沙诗的研究中，这种评价对于读者应具有启发和借鉴的作用。

三十多年以来，随着对传统研究模式和方法的突破，美学视野的拓展和审美认识的深化，学术界在理学与文学、明代心学与诗学的研究中已取得了重要的进展。完全可以相信，随着这些研究的不断进展，作为理学诗的重要一翼，心学诗及心学诗论的美学价值将会得到更多的重视和更深入的发掘，人们对它的认知度和接受度将不断提高，并对卓然立于明代前期诗坛的白沙诗学的成就和它在明代文学史及中国诗歌史的地位有更深入、更全面的认识。

后　记

1999年笔者曾撰《陈白沙诗学论稿》一书经岳麓书社出版。在当时学术界对白沙诗学研究甚少的情况下，该书出版后一度较受重视，《中国韵文学刊》《五邑大学学报》均有专文评介；对明代诗歌素有研究的左东岭教授在中国社会科学院文学所主办的《文学评论》发表的有关明代心学与诗歌专论中亦曾予介绍。数年后我即退休，居所或东或西，作为岭南心学理事会的成员，我仍间或写一点与白沙或岭南学术有关的文字。2019年4月，负责陈白沙丛书编写的黄明同先生与当时远在国外的我联系上，希望我能承担《白沙诗歌》一书的撰写工作。本人自觉年事较高，精力衰减，恐难胜任，但感于黄先生的盛情与心学理事会同仁的鼓励，我还是衔命。

历时数月，这本小书大抵成型。全书除保留原《陈白沙诗学论稿》的部分内容外，基本按照所商定的大纲重新写过。撰写中本人对白沙诗歌（诗学）的认识又有了新的提升，这已体现于该书的内容之中。对有关学者涉及旧作中的个别分歧问题（如质疑庄定山到过江门，及四库全书本《定山集》误收大厓诗的问题），我持原来观点不变，这是因为无论是《白沙集》还是《定山集》都是公认的善本，我们没有理由因一个非善本（而且是孤本）轻易改变一个善本所提供的事实。

深切感谢黄明同先生的关心、支持和对初稿的指正。

对本书的错误不当之处，欢迎读者批评。

作者2020年元月于江门